Das Leben hat zwei Seiten, betrachten wir die Andere

Lebensbremsen lösen - Eigene Wahrheiten erkennen

Gewidmet meiner wundervollen Tochter Janine.

Ohne ihre Hilfe, ihre Unterstützung und ihren Einsatz hätte ich dieses Buch nie geschrieben.

www.tredition.de

Verlag und Druck: tredition GmbH, Halenreie 40-44, 22359 Hamburg

ISBN

Paperback: 978-3-7497-0528-3

Hardcover: 978-3-7497-0529-0

e-Book: 978-3-7497-0676-1

Inhaltsverzeichnis

Prolog

Beim Schreiben dieses Buches der anderen Art, hatte ich vor Augen:

Neue Bilder für das eigene Leben zu schaffen, alte Gewohnheiten abzulegen, Schubladendenken aufgeben, Eigenverantwortung zu übernehmen. Neue Entscheidungen fürs Leben zu treffen.

Wesentlich zu wissen ist:

Ich werde nur etwas weitergeben, etwas vermitteln. Ob Sie es auf, oder annehmen, überlasse ich ganz allein Ihrer Entscheidung. Ich stelle auch keine Regeln auf, oder gebe Handlungsweisen vor. Ich arbeite nur mit Wiedererkennungswerten, weil die eine oder andere Begebenheit aus meinem Leben, auch aus Ihrem Leben stammen könnte. Deshalb führe ich etliche Beispiele aus meinem Leben offen an, um zu vermitteln welche Situationen durch den Blick auf die andere Seite sich zum Besseren verändert haben. Ich gebe andere Betrachtungsweisen und Denkanstöße vor, die auch zu Lösungen führen.

Glauben Sie mir, es gab Situationen und Erfahrungen in meinem Leben, auf die ich gut und gerne verzichtet hätte.

Autorin

Ingrid Jansen,

gehört inzwischen zu den so genannten
>Silver Linerin< Bis heute ist sie immer noch inno-
vativ, flexibel, aktiv, authentisch und autark.

Herausforderungen sind kein Hindernis für sie. Sie
liebt ihr Leben, Ihre Freiheit und Unabhängigkeit. Es
war ihr immer schon wichtig mit und für Menschen
zu arbeiten.

1. Einblicke

Um was geht es nun in diesem Buch?

Es geht um unser Leben. Um das Leben, das wir alle nur einmal leben können!

Dazu überlegen wir bitte mal kurz:

Was ist denn unser Leben eigentlich?

Ist es ein Abenteuer, ein Drama, ein bisschen von Beidem, oder plänkelt es gerade so dahin? Was ist unsere Lebenswahrheit, oder unser Leben generell? Meine Antwort:

Unser aller Leben sollte einzigartig sein! Was immer das auch für den Einzelnen bedeuten mag.

Ist das denn möglich? Ich sage ganz klar: >JA<

Denn der Blick auf die andere Seite kann uns behilflich sein, unser Leben einzigartig zu gestalten.

Doch wann sollte nun der Blick auf die andere Seite erfolgen?

Immer dann:
- wenn wir noch lange nicht dort angekommen sind, wo wir eigentlich in unserem Leben hinwollten.
- wenn wir im Geheimen, neue Vorhaben geplant haben, doch es nie den richtigen Zeitpunkt für die Umsetzung gab.

- wenn wir unsere Träume, Wünsche und Ziele bei Seite gelegt haben, weil der tägliche Ablauf und die Routine uns nicht genügend Raum und Gelegenheit ließen.
- wenn wir immer öfter mit unserer Unzufriedenheit konfrontiert werden.

Dieses Buch kann Sie wach rütteln, kann Sie von angezogenen Lebensbremsen befreien, Ihre eigene Energie wieder in Ihnen erwecken und Sie zu sich selbst führen. Ich bin mir sicher, die meisten von uns haben schon viel Energie für ihre körperliche Gesundheit aufgebracht, aber die seelische Gesundheit sträflich vernachlässigt.

Deshalb hier noch ein paar mehr Fragen für Sie. Wenn Sie bei mehr als fünf Fragen ins Grübeln kommen, ist diese Buch genau richtig für Sie.

- Wie oft kommt es vor, dass Sie denken: "War das wirklich Alles was mein Leben ausmacht?"
- Wie oft begegnen Sie ihrer Unzufriedenheit, sind mit Frustration belastet.
- Wie oft haben Sie das Gefühl, der Rasen in Nachbars Garten ist angeblich grüner, oder die Kirschen roter.
- Wie oft glauben Sie, immer auf der falschen Party zu tanzen?
- Haben immer öfter das Gefühl, nichts ist mehr richtig passend für Sie?

Herzlich willkommen im Leben!

Was ist aus Ihren Wünschen und Träumen, die Sie für ihr Leben hatten, geworden? Sind sie alle wahr geworden? Wenn nicht? Können Sie die auch heute noch realisieren?

Bewegen Sie auch Fragen wie:

- Wer diktiert die Konditionen in meinem Leben? Die Gesellschaft, das Umfeld?
- Wie lebe ich, wie könnte ich leben, oder wie will ich eigentlich leben?
- Oder wie oft zerfließen Sie in Selbstmitleid, werden sogar zum Opfer Ihrer Emotionen, weil angeblich die ganze Welt gegen Sie ist.

Nochmals, herzlich Willkommen im Leben!

Doch hier haben Sie nun die Chance, etwas NEUES für sich zu entdecken. Mit viele individuelle Antworten. Durch neue Betrachtungsweisen könnten Sie jederzeit Ihre Lebenssituationen bereichern, oder erleichtern. Sie könnten auch Ihre Lebensqualität besser ausschöpfen. Ja, und wenn sie wollen, sogar Ihr ganzes Leben komplett auf den Kopf stellen.

Wer nun im Stillen denkt: „Das trifft alles auf mich nicht zu," ist wahrscheinlich hier genau richtig. Denn leider unterliegen wir oft dem trügerischen Gefühl: >Alles im Griff zu haben< bis wir erkennen, es läuft alles schief.

Ich weiß ja nicht warum Sie Interesse an diesem Buch haben. Jedoch kann ich versprechen, Sie bekommen auf jeden Fall vieles vermittelt, das Sie zum Nachdenken bringen wird.

Einiges wird sich anfangs wie ein Rätsel anhören. Das soll es auch! Ich bin mir jedoch ziemlich sicher, nachdem Sie mit dem gesamten Stoff durch sind, hat jeder auf seine Art, die Rätsel für sich gelöst.

Einiges wird provokativ sein, das ist Absicht. Vieles mögen Sie eventuell nicht so deutlich hören wollen, auch Absicht. Es könnte ja sein, dass einiges wirkt, wie der Spiegel, der Ihnen vorgehalten wird.

Es werden alle noch so ausgeklügelten Entschuldigungen durchleuchten. Es wird an Fassaden gekratzt, die all zu leicht bröckeln. Wir beleuchten natürlich und hauptsächlich die unangenehmen Situationen. Die belasten uns ja, deshalb wollen wir herausfinden, ob oder was wir dazu beigetragen haben.

Hätten wir diese Situationen vermeiden und ihnen entgehen können, wenn wir anders gehandelt hätten?

Weiterhin schauen wir welche Rolle die Kindheit, die Jugend, die Eltern, der Partner und das Umfeld spielen. Auch in welchem Zusammenhang diese Fakten zu unseren Erwartungen, unseren Abhängigkeiten und Hoffnungen stehen. Wie geraten wir eigentlich in missliche Situationen? Wie können wir solchen Phasen entgehen?

Gibt es tatsächlich immer eine andere Seite zu betrachten?

Wieder ein klares >JA< von mir.

In meinen Wochenendseminaren habe ich meine Teilnehmer gefragt, ob es ihnen gut gehe. Die Antwort war meistens „Ja" Mein kleiner Scherz war dann, sie zu fragen, was sie denn im Seminar wollen, wenn es ihnen so gut geht. Natürlich ist mir klar, dass es nur die allgemeine, pauschale Antwort ist, die wir meistens geben.

Doch diese pauschale Antwort zeigt ein wenig unseren täglichen Gleichmut, unseren Automatismus, unser Getrotte im Leben. Was sollten wir auch anderes sagen, denn wer will im Grunde genommen wirklich von uns wissen, wenn es uns nicht gut geht. So leben wir aber leider täglich in vielen dieser unbewussten, fest verankerten Gewohnheiten. Wir machen uns kaum noch Gedanken über unsere tägliche Routine. Wir nehmen die Dinge hin, wie sie sind, anstatt sie so zu machen, wie wir sie haben wollen.

Wir leben nicht, wir funktionieren. Mehr oder weniger jeden Tag der gleiche Trott.

Dabei kommen leider unsere stärksten Bedürfnisse nach Beachtung, Selbstwert und Selbstständigkeit, nach Persönlichkeit und Freiheit, zu kurz. Also ist es dringend nötig, uns endlich Gedanken zu machen:

- Wie bewusst sind wir uns unseres Lebens eigentlich wirklich?

- Wie bewusst ist uns der Verlauf unseres Lebens?
- Wie viel nehmen wir hin, weil wir glauben, es sei so, wie es ist, und nicht zu ändern?
- Leben wir nur, um uns ständig zu arrangieren?
- Spüren wir manchmal diesen Gleichmut, auch von anderen, denen es genauso geht?
- Wenn uns diese Gedanken mal kurz bewusstwerden, kommt da leichte Resignation auf?! Wenn ja, beruhigen wir uns ganz schnell mit der Überlegung: Eigentlich geht es mir doch gut!
- Bleibt dennoch das Nagen, das Zwicken ganz weit im Hinterkopf übrig und macht sich ab und zu bemerkbar?
- Oder sagen wir uns: „Es ist doch alles Schicksal, und das Schicksal ist nicht zu beeinflussen!"

Mit anderen Worten: Wir verdrängen! Können wir überhaupt an unserem Schicksal mitwirken? Auch hier sage ich wieder ganz klar: >JA<

Dabei ist allerdings wichtig, zuerst wohl zu definieren, was >Schicksal< für jeden einzelnen von uns bedeutet.

Auch wichtig ist, warum wir uns oft mit diesen nutzlosen Worten abgeben: Was, Wäre, Wenn, Dann, Hätte.

Darüber nach zu denken was gewesen wäre, wenn, dann, ist reine Zeitverschwendung.

Die Grundlage für das, was uns widerfährt, sind nur unsere Entscheidungen, auch wenn wir sie unbewusst getroffen haben. Die tatsächlichen Fakten immer unsere Handlungen und die entstandenen Konsequenzen.

Wenn uns dies nicht klar ist, begehen wir Selbstbetrug. In unserem Selbstbetrug werden wir dann unfair, unfair nicht nur zu uns selbst, sondern auch zu anderen!

Ich kann mir gut vorstellen, wie Sie nun für sich denken, das weiß ich doch alles. Ja, sicher wissen Sie es, doch in misslichen Situationen, vergessen Sie oft Ihr Wissen einzusetzen. Auch mir passiert es hin und wieder noch, und ich erlebe es öfter in meinem Umfeld und bin darüber erstaunt.

Wenn unser Leben so verläuft, wie wir es gerne hätten, dann wissen wir, genau: WIR sind die Großen, die es zu Stande gebracht haben.

Doch wehe es geht etwas schief, dann fangen wir sofort an, außen nach den Verantwortlichen zu suchen. Schuldzuweisungen zu verteilen, sei es an andere Personen, oder an die Umstände! Manchmal war es sogar das Wetter, das schuld war. Sicher wissen Sie wie es gemeint ist.

In unseren misslichen Situationen suchen wir nach allen nur möglichen Entschuldigungen und Schuldzuweisungen.

Oftmals praktizieren wir das über Jahre, ja sogar Jahrzehnte hinaus. Entschuldigungen, die wir auf die Erziehung, unsere Kindheit, die Eltern, den Partner, die Gesellschaft, die Prägung, oder auf die äußeren Umstände schieben. Obendrein wissen wir auch schon ganz genau, was all die anderen hätten besser machen können.

Weil DIE es nicht gemacht haben, befinden wir uns nun in dieser misslichen Lage. DIE haben verhindert, dass wir glücklich werden.

So machen wir es uns leicht, indem wir anderen den schwarzen Peter zugeschrieben. Sogar im Glauben sind wir bereit dem Höheren die Schuld zu zuweisen, nach dem Motto: "Warum lässt Gott das zu?" Er lässt nichts zu, wir lassen es zu.

Die Welt ist nicht perfekt, weil Menschen, wie wir in ihr leben. Gott hat damit nichts zu tun. Er hat uns unseren Verstand gegeben, unseren eigenen Willen, um zu entscheiden.

Aber es ist ja viel einfacher, die Verantwortung abzugeben, auf hohem Niveau zu lamentieren, anstatt zu handeln. Das ist leider die traurige Realität für einige Menschen. Doch Schuldzuweisungen bringen uns nie weiter!!

Ich gehörte früher auch denen, die sich beklagten. Keiner war in meiner Jugend da, keiner hat mich unterstützt, mich gefördert, zum Beispiel für eine bessere Schulbildung. Nachdem ich in einem Seminar genauso jammerte, kam der Trainer auf mich zu und fragte mich: „Fehlt dir deine bessere Schulbildung? Ist sie dir wirklich wichtig? Du bist erwachsen, warum gehst du nicht zurück zur Schule und holst heute nach, was dir fehlt? Wer oder was hindert dich?" Das waren die Sätze, die mein Leben veränderte. Das war eines meiner ersten kleinen Erlebnisse, bei denen es ganz laut >KLICK< machte. Klick machte, um einmal mehr über die Abläufe in meinem Leben nachzudenken. Ich erkannt, dass alles nur von mir abhängt, wie mein Leben verläuft. Ich habe zwar immer noch kein Abitur, doch von da an ging ich in >die Schule des Lebens< Von da an habe ich so viel gelernt, mir alles selbst erarbeitet und mehr als nur eine Reifeprüfung bestanden.

Wir können wirklich jederzeit vieles tun und alles lernen, was wir wollen. Wir können auch lernen glücklich zu sein.

Dieses Zitat passt hier sehr genau:

Wer immer nur tut, was er schon kann, bleibt immer das, was er schon ist.[1]

Wer heute meint, das kann ich jetzt nicht mehr, der sagt im Grunde nur, das will ich nicht mehr. Das ist auch in Ordnung, wenn er dann zufrieden ist, so wie sein Leben verläuft!

Hier noch weitere Fragen zur Überlegung

---

[1]Henry Ford/ s. Quellen Nachweis

Übernehmen wir selbst genug Verantwortung für unser Leben? Grenzen wir uns genügend ab?

Wird unsere Individualität durch Gewohnheiten und Normen der Gesellschaft eingeschränkt?

Wie abhängig machen wir uns von der Meinung anderer?

Ist es leichter mit dem Strom zu schwimmen, oder lohnt es sich auch mal gegen an zu schwimmen?

Wie eigenständig und unabhängig sind wir tatsächlich?

Was bedeutet Toleranz in unserem Leben

Nutzen wir stets die Freiheit der Wahl?

Leider, oder Gott sei Dank, gibt es für unser Leben keine wirkliche Gebrauchsanweisung. Aber wenn Sie mehr vom Leben wollen, dann könnten Sie jetzt erfahren:

Ihrer eigenen Unzufriedenheit entgegen zu treten

Wieder die aktive Rolle zu übernehmen

Wieder das Steuer des Lebens in die Hand zu nehmen

Wieder die Kontrolle für ihr Leben zu gewinnen

Ihre Ohnmacht in gewissen Situationen verlieren

Sich nicht leben lassen, sondern selbstverantwortlich zu leben.

Selbstverständlich könnten Sie auch alles so lassen, wie es ist. >Sie Entscheiden<

Noch ein Denkanstoß:

Wem es schwer fällt eine Entscheidung zu treffen, wer sogar hofft es passiert etwas, das ihm die Entscheidung abnimmt, hat dennoch eine Entscheidung getroffen, wenn auch unbewusst:
Es wurde sich für die Unentschiedenheit entschieden. Geht es uns damit wirklich gut?

Ein weiterer Stolperstein:

Viele von uns sind so auf Beständigkeit getrimmt, dass wir glauben den Weg, den wir einmal eingeschlagen haben, auch weiter gehen zu müssen. Da ist dann wenig Platz für Überlegungen wie:

>Können wir auch anders leben<

Wenn wir aber den Willen haben uns auf unser eigenes Leben einzulassen, dann wird es Zeit die Dinge, die uns einschränken zu verändern. Dabei sollten wir uns konzentrieren, konzentrieren darauf wo unsere Stärken liegen. Was schlummert wirklich in uns. Welches Können zeichnet uns aus, welche Talente haben wir.

Mit diesem Wissen gewinnen wir eine größere Sicherheit, um durchzustarten. Obwohl es ja für NICHTS eine hundertprozentige Sicherheit gibt.

Aber für jeden von uns gibt es immer neue Wege, die wir gehen können, um das zu erreichen was wir wollen. Auch aus der vermeintlichen Ausweglosigkeit gibt es einen Weg. Doch nur WIR können das zustande bringen.

>Keiner wird kommen, der es für uns tut<

Für keinen von uns ist es schwer Dinge zu tun, doch oftmals haben wir eine Bremse, um uns in den Zustand zu versetzen sie zu tun und das ist oft schwer.

Aber genau diesen Zustand brauchen wir. Als nächstes brauchen wir noch eine außerordentliche Portion Mut. Mut, uns neu zu orientieren, Mut anders zu sein, als von uns erwartet wird.

Doch da sind noch andere Hindernisse, die uns abhalten. Da sind zum Beispiel die Schlingen der Bequemlichkeiten, der Gewohnheiten. Gewohnheiten, von denen wir glauben, sie sind unsere ureigenen Bedürfnisse.

Auch festgefahrene Strukturen, gesellschaftliche Etiketten und Eitelkeiten werden zum Hindernis.

Ein weiteres Hindernis kann Angst sein. Die Angst, uns lächerlich zu machen, zu scheitern. Angst, Verlustangst, Eifersucht machen auch unser Leben schwer. Dazu werden wir später einiges lesen.

Ebenso schauen wir, wie wir Egoisten werden. Nein, nicht solche, die nur ihre Ellenbogen benutzen. Sondern solche, die sich erst einmal selbst wichtig nehmen. Die mit innerer Ehrlichkeit hinter sich stehen.

Ich habe für mich gelernt, nur wenn ich mich in erster Linie um mich und mein Wohlergehen kümmere, verändert sich meine Situation. Auch bei mir ist keiner gekommen, der es für mich erledigt hat. Als es mir nicht gut ging, hat es keinen gekümmert, doch als ich in einen Job wechselte, der damals nicht so angesehen war, hat sich mein Umfeld

>das Maul zerrissen<

Also Egoist sein, wird ein Thema, ebenso das gesprochene Wort. Auch mit Toleranz und Schubladendenken befassen wir uns.

Mit Erkennen unserer eigenen Wahrheit und die Freiheit in Verantwortung, sowie ein Fazit über Bedeutung vom gesprochenen Wort und Entscheidungen mit Konsequenzen, wird das Buch am Schluss abgerundet. Wenn Sie nun noch nicht wissen, ob dies alles auch für Sie wertvoll werden wird, fragen Sie sich bitte in einer ruhigen Minute:

- Wann bin ich eigentlich rundum zufrieden und glücklich gewesen?
- Wann habe ich das letzte Mal wirklich das getan, was ich tun wollte?

Finden Sie keine befriedigende Antwort? Hier meine letzte Frage: Wollen Sie so weitermachen? Oder entscheiden Sie sich für folgendes:

- Bisherige Denkmuster zu überprüfen und wenn nötig zu verändern
- Ihre Selbstwahrnehmung einzuschätzen, und /oder zu verbessern
- Möglichkeiten zu Veränderungen zu erkennen und umzusetzen

- Ihre vorhandenen Potenziale nutzbarer zu machen.
- Der Unzufrieden entgegen zu treten.
- Neue Wege zu gehen, um endlich zu tun, was Sie schon immer tun wollten.
- Ihre eigene Wahrheit zu finden und danach zu leben.

Dabei könnten Sie das wichtigste Ziel erreichen:

Persönliche Zufriedenheit, Lust am Leben und mit sich im Einklang sein!

Wenn Sie bereit sind, Ihre jeweiligen Lebenssituationen zu überdenken, Veränderungen vorzunehmen, werden Sie nicht mehr passive verharren. Parallel zur inneren Veränderung wird sich neu gewonnene Energie einstellen. Sie werden konsequenter handeln, um Ihre Ziele, Träume und Wünsche zu erreichen und zu verwirklichen. Ebenso werden alle Veränderungen positive Auswirkung auf Ihre Ausstrahlung und Ihre Anziehungskraft mit sich bringen. Sicher hängen die konkreten Ergebnisse von Ihrer jeweiligen Ausgangsposition ab. Geben Sie sich Raum, um sich selbst zu sehen. Es ist wirklich einfacher, als Sie bis jetzt noch denken.

Vergessen Sie nicht:

>Das Leben hat zwei Seiten, betrachten wir die Andere<

Im folgenden Element erfahren wir, was uns oft hindert die andere Seite zu betrachten. Es geht um:

2. Fremdbestimmung und Prägung

Generell lieben wir doch nichts so sehr, wie unser Leben! Oder?

Aber warum leben wir es eigentlich nicht viel bewusster? Warum lassen wir vieles in unser Leben einfließen und verhindern so vollkommene Zufriedenheit? Ganz einfach!! Wir sind zwei Faktoren erlegen:

Der Fremdbestimmung und der vermeintlichen

Prägung!

Starten wir mit dem Faktor Fremdbestimmung!

Wir lassen uns in vielen Dingen von den Verhältnissen, der Situationen, dem gesellschaftlichen Bewusstsein und anderen Menschen bestimmen, anstatt von unserer eigenen Intuition.

Und warum? Meistens weil uns soziale Bedeutsamkeit sehr wichtig geworden ist, dabei gilt dann oft nicht mehr: >Ich denke, also bin ich<

Sondern es gilt: Gott sei Dank, die anderen denken an mich, also bin ich. Dabei wird unser Handeln so ausgerichtet, dass wir diese Bedeutsamkeit nicht verlieren.

Gleichzeitig entsteht auch die Überzeugung, wir haben es nun allen recht gemacht, also können wir auch getrost unsere Ansprüche nach außen an die Gesellschaft stellen und erwarten, diese möge nun auch unsere Ansprüche bitte erfüllen.

Dieser Kreislauf funktioniert leider nie!

Weil es so nicht funktioniert, entsteht langsam, aber sicher unsere Unzufriedenheit. Durch diese Unzufriedenheit kommen wir dann an den Punkt, die große Frage zu stellen:

Wer bin ich eigentlich, wie komme ich hier her, wer hat mir dies alles eingebrockt?

Keiner hat es uns eingebrockt, sondern nur wir selbst. Egal wie wir an den Punkt gekommen sind, bewusst, oder unbewusst:

>Wir sind alle genau da, wo wir hinwollten<

Warum? Weil uns gesellschaftliches Bewusstsein wichtiger geworden ist, anstatt mit eigenem Bewusstsein die jeweiligen Situationen zu bestimmen.

Allerdings gibt es Bestimmungen und Regeln unserer Gesellschaft, die nützlich und wichtig sind, auch für unserem Leben. Dazu gehören unter anderem:

 Achtung, Respekt, Anerkennung, Gerechtigkeit und Ehrlichkeit. Wir worden sonst auf unsere, so oft zitierten wohl geordneten Verhältnisse verzichten.

Wieviel Fremdbestimmung in unserem Leben nun eine Rolle spielt, schauen wir uns hier einmal genauer an.

Richtig ist, wir alle leben mehr oder weniger von außen bestimmt! Keiner von uns bestimmt sein Leben komplett selbst! Wieso?

Hier sind etliche Punkte, die von außen in unser Leben eingreifen.

Es sind:

- Die Sprache, die wir sprechen,

- die Kleidung, die wir tragen,

- die Feste, die wir feiern,

- die typischen Speisen, die wir essen

und vieles mehr, das uns zu lieben Gewohnheiten geworden ist.

Durch all diese Dinge sind wir wirklich ganz stark von unserem Umfeld, der Gesellschaft, oder dem Land, in dem wir leben beeinflusst.

Und das ist vollkommen in Ordnung.

Sicher, keiner von uns sieht sich gerne fremdbestimmt. Wir wollen souverän und unabhängig sein. Dabei übersehen wir, wie sehr die Strukturen der Fremdbestimmung zur Basis unseres Lebens geworden sind und wir an ihnen festhalten.

Wieso eigentlich? Schauen wir mal zurück, zu den ersten Tage unseres Daseins.

Als wir Babys waren, brauchten wir nur ein Mittel unseren Willen lautstark zu äußern, kräftig Schreien. Sofort wurden unsere tatsächlichen Grundbedürfnisse gestillt. Nahrung, Aufmerksamkeit, Zuwendung, Geborgenheit, Kontakt, Liebe. All das bekamen wir mit einer Handlung, >SCHREIEN< Wir konnten ja auch noch nichts Anderes. So bekamen wir sehr einfach unseren Willen.

Als Kleinkinder waren wir von der Erteilung dieser Bedürfnisse immer noch genauso abhängig. Doch mussten wir sehr bald feststellen, wir können unseren eigenen Willen nicht mehr ganz so einfach durchsetzen. Wir wurden langsam an Regeln herangebracht, die unsere Eltern bestimmten. Wir lernten dabei, wenn wir taten, was unsere Eltern wollten, ging es uns gut.

Die ersten Schritte der Anpassung vollzogen sich. Unsere Erziehung begann. Dies alles geschah für uns natürlich unbewusst. Unsere Eltern handelten in großer Verantwortung. Gaben weiter, was auch sie gelernt hatten und was ihrer Meinung nach gut für uns war. Wir lernten dann aber auch, wenn wir die Regeln nicht befolgten, gab es Konsequenzen und solange diese liebevoll verständlich gemacht wurden, konnten wir gut damit umgehen und die Konsequenz als positiven Lernerfolg ins Unterbewusstsein abspeichern. Doch wir alle wissen, haben es eventuell sogar selbst erlebt. Es gab auch Konsequenzen, wie Liebesentzug, seelische, oder körperlich Gewalt. Diese Erlebnisse führten im schlimmsten Fall, zu den tragischen Gefühlen, die uns ins Leben begleiteten wie:

ICH wurde nicht geliebt, ICH bin allein gelassen worden, oder hier stimmt was nicht, und ICH bin es schuld!

Zu anderen Zeitpunkten waren wir dem Vorbildvergleich ausgesetzt.

Das fing meistens mit der Schulzeit an. Bei kleinen Schwächen unsererseits wurden wir öfter in den Vergleich zu Freunden gestellt. Uns wurde aufgezählt was die alles besser konnten, oder welche besseren Noten sie hatten. So wurden wir auf Nachahmung getrimmt. Auch Nachahmung ist eine Art der Fremdbestimmung. Die Vorbildfunktion der Eltern funktionierte in der gleichen Weise.

Sicher kennen wir doch alle die Mütter, (sind wir sogar selbst eine solche gewesen,) die sich gegenseitig übertrumpften bei der Aufzählung, was ihre kleinen Lieblinge schon alles können.

Am schlimmsten wird die Fremdbestimmung, wenn wir unsere Kinder darauf trimmen, unsere Lebensträume, die wir nicht erreicht haben, zu verwirklichen.

Sicher taten unsere Eltern dies alles, weil sie das Beste für uns wollten, weil sie stolz auf uns waren, aber im Rahmen der so genannten Erziehung, blieb uns als Kinder wirklich nichts anderes übrig, als uns anzupassen. Da alles sind Strukturen der Fremdbestimmung.

Wir haben von unseren Eltern unseren Körper, unseren Geist und unser Urwesen geerbt. Leider haben wir aber auch Verhaltensmuster übernommen, die es uns manchmal schwermachen, uns in einem eigenen, erfolgreichen, bewussten Erwachsenenleben bewegen zu können. Wir mussten Vorschriften, die uns gemacht wurden, beachten. Es wurde uns gesagt, was von uns erwartet wird und wir waren meistens bestrebt diese Erwartungen zu erfüllen. Natürlich war das nicht immer verkehrt und hat uns auch viel Gutes gebracht.

Dies soll auch nur erklären, wie wir in das Netz von gewissen Abhängigkeiten, Gewohnheiten und Bräuchen geraten sind, die von außen an uns herangetragen wurden. Wir wurden teilweise zu lebenden Imitaten, weil es so gemacht wird, weil wir es so gelernt haben.

Doch besonders Kinder und Jugendliche, die wie ich, im Heim groß wurden, lernten auf sehr unschöne Weise sich anzupassen. Die Repressalien bei nicht Beachtung von aufgestellten Regeln, waren teilweise grausam.

Durch tagelange Isolierung in einem Raum, mit Gittern vor dem Fenster. Tagsüber wurde alles ausgeräumt. Nur das nackte Bettgestell, ohne Matratze, ein Stuhl und ein Eimer mit Deckel für die Notdurft blieb drinnen. Kein Kontakt zu anderen. Dann gab es reichlich Arbeit, wie Nähen, Stopfen und Stricken. Nein, ich war nicht im Gefängnis, sondern in eine Kinder und Jugendheim des Jugendamtes. Und was hatte ich „verbrochen"? Ich hatte die Wahrheit gesagt über den Diebstahl einer Erzieherin, den wir genau gesehen hatten. Die Heimleiterin, Frau Cornelius, (diesen Namen werde ich bis an mein Lebensende nicht vergessen.) unterstellte uns, dass wir lügen. Ich glaube ich hatte von Natur aus schon einen starken Gerechtigkeitssinn und konnte „leider" meinen Mund nicht halten. Erst handelte ich mir eine saftige Backpfeife ein und dann ging's in die Isolierung. Das Irrsinnige daran war, dass ich erst wieder raus durfte, wenn ich mich schriftlich bei der Heimleiterin entschuldigen würde. Ich habe das nicht getan und verbrachte so eine ganze Woche in diesem Raum. Ich glaube länger durften sie es von Amtswegen nicht. Ich hatte das Talent immer irgendetwas "falsch" zu machen, oder meinen Mund zum falschen Zeitpunkt aufzumachen. Blöd dabei war, ich bekam auch bei meiner Tante weitere Bestrafung und Schläge. Sie hatte immer noch das Sorgerecht, darum musste ich auch im Urlaub vom Heim zu ihr. Irgendwann habe ich damals kapiert, wenn ich funktionierte, wie gewollt, hatte ich weniger Schwierigkeiten. Doch ich wusste auch, irgendwann will ich ein besseres Leben. Wie schon erwähnt, ich wusste damals noch nicht wie. Ich habe viel Zeit gebraucht und viel, viel gelernt. Auch habe ich begriffen, egal wie unschön meine Kindheit und Jugend verlaufen ist, es bringt mich im Leben nicht weiter, wenn ich mich selbst bemitleide, anstatt das Unschöne hinter mir zu lassen.

Eine andere Art der Fremdbestimmung ist auch: Die Belohnung! Wie ich das meine?

Erinnern wir uns einmal. Je nach Situation, für die wir belohnt wurden, war die versteckte Botschaft: >Du hast etwas getan, das ich wollte< Wir haben so etwas eventuell selbst schon bei unseren Kindern praktiziert.

Kleine Beichte von mir, ich habe das öfter gemacht. Wenn ich keine Lust hatte allein einkaufen zu gehen und wollte, dass meine jüngere Tochter mich begleitet. Damit sie es tut, habe ich ihr eine Belohnung versprochen. Entweder bekam sie, was sie sich schon länger wünschte, oder sie durfte etwas tun, mit dem ich vorher noch nicht so ganz einverstanden war.

So haben unsere Kinder etwas geleistet, weil wir es wollten. Nicht weil es sinnvoll oder notwendig war es zu tun, sondern wegen der Aussicht auf Belohnung.

Solche Belohnungen machen jede Tätigkeit zum Muss und es nicht mehr der Sache wegen getan. Dann wurden auch noch Fremdkontrolle vorgenommen, denn bevor wir die Belohnung erhielten, wurde erst kontrolliert, ob wir unsere Aufgabe auch korrekt erfüllt hatten.

Bitte ich will die Belohnung nicht verdammen. Es geht nur darum, es uns bewusst zu machen. Dies sind Beispiele, was alles Fremdbestimmung sein kann. Natürlich können und sollten wir weiter belohnen, aber etwas sinnvoller, der Sache wegen.

In meinen Wochenendseminaren konnte ich die Teilnehmer immer überraschen wie Fremdbestimmung funktioniert. Irgendwann, zwischendurch bat ich einen Teilnehmer ein Fenster zu öffnen. Ganz beiläufig forderte ich die Teilnehmer auf:

>So, bevor wir nun zur nächsten Thematik kommen, tun wir noch mal alle etwas für unseren Kreislauf! Stehen wir mal auf, recken und strecken uns und atmen tief durch< Was glauben Sie was passierte? Richtig!! Alle sind aufgestanden, nur weil ich sie geschickt angesprochen habe.

Genauso passiert es uns. Wir hören auf andere, wir passen uns an, wir lassen uns auf Kompromisse ein. Auf keinen Fall etwas anders machen, bloß nicht auffallen. Was denken denn die Leute, die Nachbarn. Es soll doch nicht über uns geredet werden. Mit dem was die Gesellschaft uns vorschreibt gehen wir lieber sehr verantwortlich um. Wir tun was wir gelernt haben und fühlen uns dabei so sicher, wie in Abrahams Schoß. Keine Ecken, keine Kanten, wir schlängeln uns durch.

Wäre ja auch alles OK, solange wir zufrieden sind, uns wohl fühlen und nichts zu klagen haben. Doch wie viele Momente gibt es, in denen wir frustriert sind, uns ärgern und schimpfen. Trotzdem machen wir in unserem Trott so weiter.

So bleiben dann unsere Träume und Wünsche auf der Strecke, werden auf Eis gelegt oder gehen im Alltag unter. Wir passen uns immer mehr den äußeren Umständen an und trompeten immer öfter mit der Gesellschaft in ein Horn. Werte und Moralvorstellungen, die von der Gesellschaft geprägt wurden, haben wir verinnerlicht und zu Bedürfnissen gemacht, die wir dann als unsere eigenen einordnen. Wir merken gar nicht mehr, wie einige dieser gesellschaftlichen Regeln bei uns inneren Druck erzeugen und wie wir uns ihnen unterordnen. Der Gedanke, auch eigenen Regeln haben zu dürfen ist uns abhandengekommen.

Unter diesem Druck stand ich auch, als ich die Entscheidung für meine zweite Ehe getroffen habe. Da-

mals musste ich mir stets anhören: >Du solltest einen Mann finden und wieder heiraten. Dein Kind braucht einen Vater< Ja, und dann lernte ich ihn in meiner Gaststätte kennen. Gutaussehend, charmant und heiratswillig. Er fügte sich super in meinen Freundeskreis ein und ich verliebte mich. Allerdings kamen später zwei meiner Freunde auf mich zu und warnten mich, ihn nicht zu heiraten. Doch da war es zu spät und ich wollte auch den Warnungen nicht glauben. Dieser Mann wurde sehr schnell nach unserer Hochzeit zu meinem persönlichen Alptraum. Dazu später mehr.

Manche Aussagen sind ein wenig überspitzt, doch nur so wird es möglich, zu erkennen, wie wir von Anfang an mit Fremdbestimmung konfrontiert sind.

Durch diese Fremdbestimmung sind Gewohnheiten entstanden, auch solche, die uns nicht guttun, Gewohnheiten, denen wir mechanisch folgen. Die unseren Alltag in einen öden Trott bringen, der bei uns Unzufriedenheit verursacht.

Am Anfang sind Gewohnheiten, wie feine Fäden eines Spinnennetzes. Doch mit der Zeit werden sie Stricke und am Ende sind sie so stark wie Überlandkabel und halten uns fest umschlungen.

Deshalb wird es Zeit unsere Gewohnheiten zu überprüfen und auf einen Teil der gesellschaftlichen Regeln zu pfeifen!

Es gibt reichlich Spielraum, trotz bestehender gesellschaftlicher Regeln, unser Leben nach unseren ganz persönlichen Vorstellungen zu gestalten. Wenn wir uns auf unsere eigene Bedeutsamkeit konzentrieren, müssen wir uns nicht an alle Regeln halten, die andere uns vorgeben. Wenn wir immer nur bestrebt sind, es anderen recht zu machen werden Überforderung und Erschöpfung unseren Alltag ausmachen.

Unsere eigenen Wünsche und Ziele geraten dabei in Vergessenheit. Wollen wir das wirklich??? Ich glaube nicht!

Doch noch einmal, es ist allein Ihre Entscheidung!!

Was aber könnten wir für unsere eigene Entfaltung und Lebensgestaltung tun? Erst einmal sollten wir feststellen, was sind unsere tatsächlichen Grundbedürfnisse. Nur die Befriedigung unserer tatsächlichen Grundbedürfnisse macht uns frei und führt uns wieder zu intensiverem Lebensinteresse. Unsere eigenen Wünsche und Träume rücken wieder näher.

Die nächste Überlegung könnte sein, wie es möglich ist, aus unserem Trott heraus zu treten? Zu Anfang würde es schon genügen Kleinigkeiten im Alltäglichen zu verändern und schauen wie wir uns dabei fühlen. Wir könnten auch etwas provokativ vorgehen. Zum Beispiel einfach mal tun, was andere nicht tun, oder nicht tun, was von uns erwartet wird.

Wenn wir wollten, könnten wir auch unser Leben komplett auf den Kopf stellen. Egal was wir machen, wir würden ganz sicher überraschende Erfahrungen machen, denn:

>Es ist nie zu spät und selten zu früh<

Wir dürfen, können und sollten unsere eigenen Regeln, unsere eigenen Wertevorstellungen selbst bestimmen. Jeder von uns kann das, wenn er will!

Doch was hält uns so oft davon ab? Haben wir Angst vor Ablehnung, wenn wir individueller oder anders handeln? Könnte schon sein!

Haben wir eventuell auch Angst uns vom Alt hergebrachtem zu lösen?

Angst eingefahrene Strukturen in Frage zu stellen?

Angst die Bahnen der Gewohnheiten zu verlassen?

Angst mit moralischer Wertung der Gesellschaft konfrontiert zu werden?? Dazu mal wieder ein Beispiel von mir:

Ich erinnere mich noch sehr gut an die erste Situation, in der ich mich der moralischen Wertung der Gesellschaft ausgesetzt habe. Ich entschied mich damals für einen Job, den eine >anständige Frau< nicht tut sollte. Ich wurde Serviererin in einer Nachtbar mit Striptease. Damals war das sehr anrüchig. Ich war fast 21 Jahre alt, geschieden und hatte ein Kind. Mit einem solchen Beruf war keine junge Frau so richtig gesellschaftsfähig. Wie aus meiner Vita bekannt, habe ich mich später zur Fachfrau in der Gastronomie qualifiziert. Meine Entscheidung, diesen Job, trotz aller Bedenken anzunehmen, war der erste Schritt in diese Richtung. Wer verkehrte denn damals in den Nachtbars, wahrscheinlich auch noch heute? Geschäftsleute mit ihren Geschäftspartnern. Aus diesem Grund wurde von meinen Chefs auch sehr viel Wert auf ausgezeichnetes Benehmen gelegt. Ich lernte sehr viel über Etikette, gepflegte Kommunikation und auch geschäftliche Verhandlungstaktiken. Kaum zu glauben, aber wahr. Nach kurzer Zeit machte es mir auch überhaupt nichts mehr aus, was das Umfeld von mir dachte. Ich wusste ja für mich, dass ich nichts tat, dessen ich mich schämen musste. Das trug auch dazu bei, mein gesellschaftliches Umfeld mit anderen Augen zu sehen und mich auch in einem anderen Umfeld zu bewegen. Wesentlich für mich war außerdem, ich verdiente für die damalige Zeit sehr, sehr viel Geld. So konnte ich gut für meinen Unterhalt und den meiner Tochter sorgen.

Vorher hat es keinen gekümmert was ich beruflich tat. Nun auf einmal wurde ich durch meine Berufstätigkeit zum moralischen Anstoß der Gesellschaft. Aber dieser Job hatte einen sehr großen Anteil an meinem Werdegang. Er baute mein Selbstwert und Selbstbewusstsein auf. Mir wurde auch so egal, was andere Menschen von mir dachten. Drei Jahre später tat ich den ersten Schritt in meine Selbständigkeit mit meiner ersten eigenen Gaststätte in Bonn. Da Bonn damals noch die Bundeshauptstadt war, blieb es nicht aus, dass ich auch Gäste aus Politik, Presse und Medien hatte. Nun konnte ich alles das umsetzen, was ich gelernt hatte. Sicheres Auftreten, gepflegte Kommunikation, guter Service.

Einige Menschen lassen aber auch gerne Fremdbestimmung zu, lassen sich gerne von Anderen bestimmen, weil es für sie einfacher und bequemer
ist. Doch dabei sollten wir immer bedenken:

*Wenn andere unser Leben gestalten, dann können
wir von Glück sprechen, dass es nicht verunstaltet
wird.*

Dieser Gefahr sollten wir uns bewusst sein.

Befassen wir uns mit weiteren Überlegungen. Die
Eltern unter uns, kennen sicher den Spruch ihrer
Kinder, oder haben ihn von anderen Kindern gehört. Auf keinen Fall wollen sie so werden, oder so
leben, wie ihre Eltern. Sie sträuben sich mit Händen
und Füssen gegen gewisse Verhaltensweisen, die
sie von ihren Eltern kennen. Sie wollen diese kei-
neswegs in ihrem Leben anwenden oder wiederho-
len.

Sie bemängeln bei ihren Eltern oder anderen Erwachsenen deren Angepasstheit, nicht ausreichende
Toleranz, fehlende Weltoffenheit und manchmal
werfen sie uns auch Spießigkeit vor.

Doch schon in der Schule tappen sie selbst in die
Falle der Fremdbestimmung und unterliegen dem
Gruppenzwang. Es müssen nämlich plötzlich alle
angesagten Marken und Trends der Mode von
Jeans, Schuhen und sonstigem Zubehör sein. Alles
nur, um dazu zu gehören, IN zu sein. Und was tun
wir? Wir unterstützen das! Wir wollen doch nicht,
dass unsere Kinder abgelehnt werden. Wir wissen

ja, wie grausam gerade Jugendliche sein können, wie sie jemand ausgrenzen können.

Dennoch unterstützen wir so den Selbstbetrug, den unsere Heranwachenden betreiben. Wir haben ihnen teilweise eine falsche Wertigkeit vermittelt, nämlich dass sie respektiert werden und angesehen sind, wenn sie mit dem Strom schwimmen. Es ist ja nichts dagegen einzuwenden, Marken Klamotten zu tragen, aber sie sollten schon mit dem Bewusstsein getragen werden, weil sie gefallen. Sogar gefallen, wenn sie unter Umständen nicht mehr ganz dem Trend entsprechen. Nicht aber, weil eine gewisse Gruppe bestimmt was >IN< ist. Sicher schmeichelt es unserer Eitelkeit mit der Gruppe >IN< zu sein, aber unser persönlicher Stil bleibt auf der Strecke.

Als ich mit meiner Tochter Urlaub auf Malta machte, ließ sie sich über die Kinder in Schuluniform aus. Sie meinte froh zu sein, dass in Deutschland keine Uniform in der Schule getragen wird. Ich musste damals etwas lächeln, denn in der Zeit sahen die Jugendlichen auch fast alle gleich aus. Angesagt war eine bestimmte Marken Jeans und Kapuzen Pullis. Der einzige Unterschied waren die Farben der Jeans und Pullis. Leider gehörte auch sie zu der Gruppe der Mode und Trend affinen jungen Leuten. Da ich nicht gewillt war, ständig diese teuren Markenklamotten zu bezahlen, haben wir darüber diskutiert und Vereinbarungen getroffen. Sie war schon in der Oberstufe und hatte auch einen kleinen Nebenjob, um ihr Taschengeld aufzubessern. Ich sagte ihr, wie viel ich bereit bin für eine Hose,

Pullover oder Schuhe etc. auszugeben. Wenn ihr das nicht reichte, um eins dieser Teile von gewissen Marken zu erstehen, musste sie den Rest von ihrem eigenen verdienten Geld dazu geben, was sie auch tat. Ich hoffte, dass sie so nicht alles in punkto Mode mit machen würde, doch da hatte ich mich geirrt.

Ich möchte nochmal daran erinnern, meine Erfahrungen, meine Erlebnisse, meine Erkenntnisse und meine Denkanstöße, dienen nur dazu, bewusster mit sich umzugehen. Einiges davon ist Ihnen sicher auch aus Ihrem Leben bekannt. Wie Sie letztlich damit umgehen, hängt von Ihren Überlegungen und der Berücksichtigung Ihre Lebenssituation ab.

Nur Sie entscheiden!!! Weitermachen, wie bisher, oder verändern.

Neben der Fremdbestimmung spielt noch ein anderer Faktor eine Rolle.

Dieser Faktor ist die >PRÄGUNG<

Wir führen diesen Faktor liebend gerne an, weil wir der Meinung sind, er ist mitverantwortlich, wie unser Leben verläuft. Prägung des Umfeldes, der Eltern, der Vergangenheit. Durch die Prägung besitzen wir angeblich gewisse Eigenschaften, die starr zu uns gehören und nicht verändert werden können. Doch auch sie kann die Ursache für einen Teil unserer Unzufriedenheit sein. Sicher sind wir von ihr beeinflusst und in vielen Situationen ist das auch gut so.

Im Lexikon steht: PRÄGUNG = eingepresst, allerdings eingepresst oder gedruckt auf Papier, Buchdeckel oder Münzen. Für uns als Lebewesen heißt es im übertragenen Sinne:

>Wir wurden in etwas gepresst, es wurde Druck gemacht<

Inzwischen wird das Wort >Prägung< auch für starre Verhaltungsweisen benutzt

Das passierte so intensiv, dass wir heute fast alle der Meinung sind: PRÄGUNG, besonders die, die wir in Kindheit und Jugend erhielten

KANN NICHT VERÄNDERT WERDEN. Richtig?????? Falsch!!!!!!!

Ich kann mir vorstellen, dass Sie nun erstaunt sind, weil ich dies so bestimmt sage. Ich werde es Ihnen erklären!

Alles, was wir in der Kindheit, Jugend und Vergangenheit erlebt haben, ist gespeichert in unserem Unterbewusstsein. Wir alle kennen den Vergleich, dass unser Unterbewusstsein wie einen Computer funktioniert. Erlernte, anerzogene, erfahrene Erlebnisse werden, wie auf der Festplatte eines PC gespeichert. Doch genau, wie am PC können wir auf dieser, unserer Festplatte alle negativen Prägungen verändern. Sie überschreiben oder sogar löschen, wenn diese >Programme< uns nicht weiterbringen.

Bitte, damit wir uns auf keinen Fall falsch verstehen, ich spreche hier nicht von Traumata, die

schwere seelische Eingriffe und Störungen verur-
sachten.

Ich spreche von Dingen, die wir aus der Vergangenheit immer noch mit uns in der Gegenwart herum-
schleppen. Die wir als Entschuldigungen nutzen,
wenn wir in misslichen Situationen stecken.

Sicher gehören all unsere Erfahrungen und unser
Erlebtes zu unserem Leben, und werden immer einen Anteil in unserem Leben behalten.

Wichtig ist nur, festzustellen, in welcher Form diese
Dinge unser Leben beeinflussen, wie wir mit diesen
Dingen umgehen.

Es ist richtig und auch wichtig, uns mit Aggressio-
nen und Frustrationen, oder Vernachlässigungen
aus unserer Kindheit und Vergangenheit auseinan-
derzusetzen. Wenn nötig, sogar mit fremder Hilfe.
Es ist notwendig, zu lernen, damit abzuschließen.
Aber auch das sollte jeder von uns für sich selbst
bestimmen.

Nur wir allein entscheiden, wie lange und ob wir
Opfer unserer Vergangenheit bleiben und wie sehr
wir weiter >leiden< wollen. Wenn wir uns immer
wieder mit der Vergangenheit beschäftigen, ohne
sie loslassen zu können, tragen wir einen ziemlich
schweren Rucksack mit uns herum. Besser für uns
ist es, diese Energie zu nutzen, um zu akzeptieren:

>Vergangenheit ist vergangen und nicht zu än-
dern<

Im Anhang können Sie lesen, wie ich aufwuchs. Welche kleinen, großen und unschöne, auch tragische Ereignisse in meinem Leben stattfanden. Ich habe meine Vergangenheit losgelassen, sie interessiert mich nicht mehr, weil ich lernte, sie ist nicht mehr zu ändern. Mich interessiert nur noch das Heute und Morgen. Wenn ich mich heute in meine Vergangenheit reise, dann beschäftigt mich nur die Erinnerungen an all die schönen Dinge, von denen ich heute sagen kann: Danke, dass ich sie erleben durfte und manchmal tanke ich auch neue Kraft aus diesen Erinnerungen für das Heute und Jetzt.

Wenn wir also lernen eine andere Einstellung zu der so genannten >PRÄGUNG< zu bekommen, können wir uns auch heute leichter neu orientiert, neu lernen. So wie wir es uns auch in der Kindheit und Jugend angeeignet haben. Denn alles was wir heute können, können wir nur, weil wir es irgendwann einmal gelernt haben.

Im Grunde wissen wir doch, nur fortwährendes Lernen bringt uns weiter. Es sollte keine Rolle im Heute mehr spielen, was wir als negatives Programm aus Kindheit und Jugend gespeichert haben. Wir müssen nicht das uns Anerzogene weiterleben oder aus Protest genau das Gegenteil davon. Wir können ganz nach unseren eigenen Vorstellungen leben.

Wieso Protest? Zum besseren Verständnis, hier ein paar Aussagen, die uns sicher nicht unbekannt sind:

„Meine Mutter war so ordentlich und pingelig, das hat mich so genervt, darum ist es bei mir ins Gegenteil umgeschlagen, ich bin ganz unordentlich geworden."

Oder eine noch schlimmere Aussage:

Ich habe früher auch Schläge bekommen, hat mir nicht wirklich geschadet. Meinem Kind wird ein Klapps auch nicht schaden. Vergessen wir es ganz schnell!

Wir sind unordentlich, weil wir unordentlich sein wollen, und das ist in Ordnung. Solange wir uns mit unserer Unordnung wohl fühlen. Wenn uns unsere Unordnung aber peinlich ist, sollten wir nicht die Prägung als Entschuldigung anführen, sondern eine Veränderung herbeiführen.

Und was das Schlagen angeht, kann ich auf reichliche negative Erfahrungen zurückgreifen.

Meine Tante, bei der ich groß wurde, hat davon reichlich Gebrauch gemacht. Der körperliche Schmerz vergeht, aber diese seelischen Gefühle von Demütigung, Ohnmacht und Angst habe ich nie ganz vergessen. Ich leide aber nicht mehr darunter. Doch jedes Mal kann ich diese Gefühle abrufen, wenn ich sehe wie ein Kind geschlagen wird. Ich muss dann etwas sagen und dazwischen gehen. Gott sei Dank ist es ja inzwischen bei Gesetz verboten. Trotzdem passiert es leider immer noch. Es wird ja gesagt: Viele, die mit Schlägen und Prügeln groß wurde, geben das oft später weiter, also schlagen auch. Ich wusste damals schon, sollte ich mal

Kinder haben, werde ich ihnen das nie antun. Ich konnte das auch einhalten bei meinen Töchtern. Manchmal ist es mir nicht leichtgefallen, aber die Erinnerung an meine Gefühle von damals haben mich immer zurückgehalten. Das wollte ich ihnen nie antun.

Wenn wir nun unsere Einstellung verändern und damit guten Erfahrungen machen, speichern wir diese Erfahrungen genauso auf unserer Festplatte, (Unterbewusstsein) wie schon alles andere vorher.

Nur mit dem Unterschied, dass die guten Erfahrungen dann zu lebenswerten Gewohnheiten werden können.

Doch selbst, wenn wir glauben die >Schuldigen< für unsere misslichen Lebenssituationen in der Vergangenheit, bei unseren Eltern, in der Schule, dem Umfeld gefunden zu haben, frag ich nun:

Geht es uns nun einen Deut besser? Hat die Situation sich für uns nun verändert? Mit Sicherheit nicht!

Die besten Entschuldigungen, alle Schuldzuweisungen haben nie eine Änderung der Lage, oder Situation zur Folge. Leider glauben aber einige es ist leichter, bei schlechten Lebenslagen und Unzufriedenheit, alles auf die Zeit, die Umstände, die Eltern, die Schule und letztlich auf die Gesellschaft zu schieben. So wird sich dann um die Eigenverantwortung gedrückt. Wenn wir immer nur unsere schlimme Vergangenheit vorbringen, machen wir uns zum Opfer des Geschehens.

Ich habe mich von meiner >Prägung< wie folgt verabschiedet:

Ich bin ja unehelich geboren. Bis heute weiß ich nicht, wer mein Vater ist, oder war. Meine Mutter hat mich in dieser Sache ständig belogen, oder ist mir ausgewichen. Von meinen Tanten wusste ich nur, dass meine Mutter selbst es nicht wusste. Als ich erwachsen war habe ich noch mal nachgehakt, wieder nur Ausflüchte. Warum verhielt sie sich wohl so? Ich denke sie hat sich wahrscheinlich geschämt und so tat sie, was sie ihrer Meinung nach, tun musste, sie erzählte Märchen! Doch das lag in ihrer Verantwortung. In meiner Kindheit hatte ich reichlich Peinlichkeiten mit der Tatsache: >Vater unbekannt< durchlebt. Ich war nicht nur ein unehelicher Bastard, ich wurde auch meistens so behandelt. Dazu kam noch, als Heimkind aufzuwachsen und jüdischer Abstammung zu sein. Aus der Tatsache >Vater unbekannt< hätte ein großes Problem für mich entstehen können. Ein Problem, das mein Leben ständig belastet hätte. Doch die Tatsache an sich wäre unverändert geblieben. Also habe mich irgendwann entschlossen, mein Erwachsenen Leben nicht mit der >Prägung< keinen Vater zu haben, zu belasten. Die einzige Möglichkeit für mich war, meine Einstellung zu verändern. Raus aus der Opferrolle. Nachdem mir klar wurde, ich kann an der Geschichte nie etwas ändern, war diese Tatsache für mich nicht mehr relevant. Ich habe auch einen Vater nicht wirklich vermisst. Wie konnte ich etwas vermissen, was ich nicht kannte oder nicht hatten?

Ganz viele Menschen fühlen sich unglücklich, weil sie ihre Wurzeln nicht kennen, sie aber unbedingt kennen lernen wollen, und trotz vieler Nachforschungen kein Ergebnis finden. Das ist sicher sehr tragisch, doch hier ist deutlich zu erkennen, wie sehr eine unabänderliche Situation zur Belastung werden kann. Wenn wir nicht lernen gewisse Umstände zu akzeptiere, um dann loszulassen, werden wir nie richtig frei für unseren Lebensweg.

Noch eine andere Überlegung zur >Prägung<. Denken wir mal an Geschwister, die sich als erwachsene Menschen das eigene Leben sehr unterschiedlich eingerichtet haben. Die einen sind absolute Familienmenschen geworden, dem andere hingegen ist es wichtiger Karriere zu machen, unabhängig zu sein. Ich will mit diesem Beispiel nur aufzeigen, obwohl sie dieselben Eltern hatten, die gleiche, so genannte >Prägung< erfuhren, ihnen die gleiche Erziehung zu Teil wurde, sind die Lebensgestaltungen grundverschieden geworden. Es ist also egal mit welcher >Prägung< wir groß geworden sind. Wichtig ist was wir daraus machen. Hören wir endlich auf mit dem ewigen Rückblick in die Vergangenheit.

Nicht schicksalsreiche Ereignisse bestimmen unser Leben, sondern unsere Einstellung zu den Ereignissen. Leben verläuft nicht wie wir es wünschen, sondern wie wir es einrichten, um dann unsere Wünsche wahr zu machen.

Dazu gehört in erster Linie Veränderung, Veränderung heißt nun mal Bewegung. Bewegung heißt aber auch Arbeit, um eine Veränderung vor zu nehmen. Eine der größten Herausforderungen dabei ist,

>Alte Zöpfe abzuschneiden<, was für manchen von uns nicht so leicht sein wird.

Doch das wäre der erste Schritt sich aus Teilen der Fremdbestimmung zu befreien und sich mehr mit der Selbstbestimmung zu beschäftigen.

Denn die logische Konsequenz zur Fremdbestimmung ist:

3. Die SELBSTBESTIMMUNG

Sicher führen wir größten Teils ein selbst bestimmtes Leben.

Doch weil vieles der Fremdbestimmung zur Gewohnheit geworden ist, lassen wir uns in manchen Teilen täuschen. Wir haben uns diese Gewohnheiten so zu eigen gemacht, dass wir wirklich glauben, sie sind ein Teil unserer Persönlichkeit.

Deshalb fällt es uns auch schwer einen Zusammenhang zwischen unserem Missmut, unserer Unzufriedenheit, unserem Alltagstrott herzustellen. Es ist uns nicht wirklich bewusst, dass diese Gewohnheiten nicht nur Misserfolge, sondern auch Disharmonie verursachen. Ja, dass sie uns sogar krankmachen könnten.

Sie nehmen uns die Gelegenheit darüber nach zu denken, wie verstrickt wir tatsächlich in unseren Gewohnheiten sind.

Wir sollten uns doch mal die Gewohnheiten ansehen, für die wir uns ganz bewusst entschieden haben. Gewohnheiten, die wir uns angeeignet haben, weil sie uns Zeit und Arbeit ersparen, weil sie uns Kraft gegeben haben.

Diese bewussten Gewohnheiten sind es, die unser gesamtes Verhalten steuern könnten.

Deshalb sollte wir auch erst einmal herausfinden, was Lebensgestaltung überhaupt für jeden einzelnen von uns bedeutet.

Was sind die Grundlagen für uns, nach denen wir leben wollen, nach denen wir uns richten wollen.

Sicher werden sie sich in etlichen Punkten unterscheiden. Wenn dem nicht so wäre, könnten wir über uns auch nicht von individuellen Persönlichkeiten sprechen. Wir erheben doch den Anspruch auf:

Achtung, Unabhängigkeit, Verantwortung, Vertrauen, Selbstvertrauen Anerkennung, Respekt und Freiraum

Diese genannten Ansprüche können wir auch in uns selbst finden und unser Bewusstsein damit ausfüllen. Heißt:

- Ich achte mich
- Ich bin unabhängig in meinem Denken.
- Ich habe genug Selbstvertrauen, um mit Verantwortung mein Leben zu gestalten.
- Ich zolle mir auch die nötige Anerkennung und agiere mit Respekt.

- Ich genehmige mir auch genügend Freiraum, ohne einen anderen zu behindern, oder zu verletzen.

Wenn wir das nicht bewusst für uns erarbeiten und verinnerlichen, können wir diese Ansprüche auch nicht an andere Menschen stellen.

Wir erkennen eigentlich immer sehr schnell und wissen auch ziemlich genau, was wir nicht wollen. Trotzdem geraten wir immer wieder in Lebenslagen, die uns nicht gefallen. Was führt dazu?

Es ist unsere Bereitschaft viele Dinge zuzulassen, uns ständig zu arrangieren, uns nicht zur Wehr zu setzen, es einfach hinnehmen, anstatt zu überlegen, ob es noch etwas Anderes gibt.

Wir sollten viel entschiedener darüber kommunizieren, was wir wollen oder auch nicht, und dann danach zu handeln. Aber Nein, wir begeben uns lieber in die Zwischenzonen. Situationen, die uns ans Ziel bringen könnten, verlassen wir und lassen sie unvollendet liegen, weil uns die Anerkennung des Umfeldes und das Angenommen sein wichtiger ist.

Wenn jedoch die Anerkennung, das Angenommen sein von unserem Umfeld wegfällt, stellt sich Selbstmitleid ein und wieder werden Opfer der Situation.

Nun wird der Wille zum Neuanfang mit Resignation und Hoffnungslosigkeit ersetzt. An Stelle eines Erfolgserlebnisses, tritt apathischer Weltschmerz ein. Unsere eigenen Kräfte und unser Können bleiben unerprobt. So setzt dann der Kreislauf von Unzufriedenheit und Hoffnungslosigkeit ein.

Wie kommen wir nun hier wieder heraus?
Zuerst gehört dazu sich auf eine, wenn auch kleine neue Struktur zu besinnen und alteingefahrene Gleise zu verlassen. Ist die Entscheidung gefallen, gehört auch die Überlegung an die Konsequenzen dazu.
Danach sollten wir aktiv werden, um neue Anregungen und anderen Normen zu finden. Wenn nötig sogar Grenzen überschreiten, die uns andere gesetzt haben.
Im Grunde wissen wir doch, dass Jeder von uns einzigartig ist. Wir brauchen uns überhaupt nicht irgendwem oder irgendwo anpassen. Erlauben wir uns doch einfach >WIR SELBST< zu sein und genießen die Vielfallt, die sich erschließt. So entwickeln wir wieder unsere Selbstbestimmung. Mit Aktivitäten im eigenen Leben, wird das Weiterkommen zur Selbstverständlichkeit. Denn:
>Wer das Beste für sich erreichen will, sollte das Beste aus sich herausbringen<

Das tun wir so oft unbewusst, wenn wir uns mit Dingen befassen, die uns besonders liegen, oder die uns Spaß machen.

Kennen wir nicht alle die Momente bei der täglichen Arbeit, in dem uns der Gedanke durch den Kopf schießt, was wir eigentlich jetzt lieber täten?
Warum tun wir eigentlich nicht ganz einfach das, was wir lieber täten? Weil man das nicht macht? Weil es unsinnig wäre? Weil etwas Anderes von uns erwartet wird, oder warum nicht?
Eine Antwort könnte sein: Was ich habe weiß ich, was ich bekomme weiß ich nicht. Also machen wir lieber weiter, wie gewohnt.

Ein anderer Grund könnte sein: Wir reden uns ein, es ist für uns nicht möglich. Und warum nicht?

Na, da sind doch die Kinder, der Mann, der Chef, die wirtschaftliche Lage usw. Eben der volle >ERNST< des Lebens. Das Ergebnis: Resignation und Handlungsunfähigkeit. Wir bedauern uns lieber selbst und sind überzeugt:

Wir tanzen stets auf der falschen Party, oder die schönsten Partys finden ohne uns statt. Der Rasen in Nachbars Garten ist immer grüner und die Kirschen süßer. Anderen geht es eben besser, die haben immer mehr Glück als wir und führen ein fröhliches, spannendes Leben.

Haben die anderen wirklich mehr Glück gehabt? Haben sie immer schon so gelebt? Oder haben sie irgendwann gewählt so zu leben, weil sie vorher unzufrieden waren!!

Für uns wäre nun wichtig, gründlich zu überlegen, ob wir unsere festgefahrene Lebenssituationen bei-

behalten wollen. Überlegen, ob wir an alten Grundsätzen und Prinzipien des Alltags festhalten wollen.
Festhalten an Prinzipien, die uns oft eine falsche Sicherheit vorgaukeln. Wir brauchen sicher eine gewisse Zeit für diese Überlegungen, doch dabei sollten wir auch bedenken:

Vor der Verantwortung anderen gegenüber, steht
immer erst die Verantwortung für uns selbst.

Sicher bringt jede Entscheidung, jede Veränderung,
auch Konsequenzen mit sich.

Doch wenn wir unsere Unsicherheit überwinden,
nicht länger an den alten, vertrauten Strukturen
festzuhalten, werden wir einen riesigen Ballast los.

Wie bin ich eigentlich meinen Ballast losgeworden?
Auf Grund meines etwas >anrüchigen< Jobs, bin
ich sehr schnell zu der Einstellung gekommen:

Es ist mir egal, was die Leute über mich denken.
Mit diesem Job hat sich nicht nur mein Selbstbe-
wusstsein verändert, sondern mir ging es auch bes-
ser. Ich hatte weniger Sorgen, auch finanzieller Art.
Das Beste daran war eben auch, dass ich so erfolg-
reich und angesehen war, dass die Brauerei mir zu
traute, trotz meiner jungen Jahre, meine eigene
Gaststätte zu führen.

Alles, was wir sonst noch vorbringen sind Entschuldigungen dafür, sich nicht wirklich zu entscheiden,
oder handeln zu wollen. Ganz ersichtlich wird das,
wenn wir anfangen unsere alten Gewohnheiten zu

verteidigen. Wenn wir Ausreden und Entschuldigungen anbringen, anfangen uns die Dinge und alte Strukturen, in denen wir leben, schön zu reden. Doch für einige Menschen mag es wahrscheinlich leichter sein, das Leben einfach laufen zu lassen, anspruchsloser zu sein, einfach so dahin trotten. Das ist vollkommen in Ordnung, wenn jemand so leben will.

Schauen wir nun weiter auf andere Gedankengänge! Haben wir uns nicht schon einmal im Geheimen überlegt:

- Was wäre, wenn ich jetzt einfach gehe?
- Was wäre, wenn ich einfach meinen Beruf hinschmeiße?

- Was wäre, wenn ich mich selbständig mache?
- Was wäre, wenn ich einfach aus meiner Beziehung ausbreche?
- Was wäre, wenn ich ins Ausland gehe?

Ja, ja diese bösen Worte: was, wäre, wenn und dann. Eins sind sie auf jeden Fall: >Zeitverschwendung<
Wir werden es nie erfahren, wenn wir uns nicht fürs HANDELN entscheiden.

Was aber hält uns meistens ab?

- Uns fehlt oft der Mut
- Wir sind nach Außen orientiert.
- Was sagen oder denken die Leute.

Ein anderer Punkt nicht zu handeln ist, wir brauchen unsere Sicherheit. Obwohl wir genau wissen, es gibt keine 100%tige Sicherheit. Wir haben immer so viel Sicherheit, wie wir sie uns selbst geben können.
Trotzdem kommt es auch mal vor, unsicher zu sein. Das gehört dazu. Vor allem wenn wir Veränderungen vorzunehmen.

Was glauben Sie wie unsicher ich bei der Eröffnung meiner ersten Gasstätte innerlich war. Das war etwas, das ich im Heim gelernt hatte:
>Lasse keinen wissen, was du wirklich denkst, oder fühlst, vor allem keine Unsicherheit< in der Situation sehr geholfen und ich hatte den besten Einstieg in meine berufliche Selbstständigkeit.

Bitte denken wir kurz an unseren Vergleich, unser Unterbewusstsein, unseren inneren PC. Alles, was wir gewählt haben, können wir auch jeder Zeit wieder abwählen. Selbst Grundsätze, die wir einst für uns festgesetzt haben, können überdacht und geändert werden. Die Entscheidung treffen wir.
Wenn wir diesen Gedanken nun akzeptieren, sollte uns klar sein: Nur wir allein lassen die Unzufriedenheit in unserem Leben.

Mit diesem Bewusstsein sollte es uns leichter fallen, Entscheidungen zu treffen, Veränderungen vorzunehmen. Sicher klappen die Veränderung nicht gleich auf Anhieb. Bitte nicht gleich alles hinwerfen.

Irgendwo in unserer Entscheidung haben wir etwas nicht ganz konkret durchdacht.

Da gibt es nur eins, abhaken als Erfahrung, weil Erfahrungen uns nutzen, auch die unliebsamen. Sie werden uns beim nächsten Schritt helfen, bei der nächsten Entscheidung uns besser vorzubereiten. Jeder Fehlschlag bedeutet auch eine neue Chance, ein Weiterkommen. Dann werden wir erleben, wie gelassen wir sein können.

Wir beschäftigen uns vordergründig nicht mehr mit anfallenden Problemen, sondern wir handeln, um Lösungen herbei zu führen.

Unser Weiterkommen, unser Wohlbefinden ist nicht von unserem Umfeld abhängig. Wir können auch erkennen, das Umfeld ist nicht dafür verantwortlich, wenn unsere Lebenssituationen uns nicht gefallen.

Manches Unbehagen entsteht leider auch, wenn wir uns in eine Verantwortung drängen lassen. Was ich meine? Es gibt Mensch die uns einreden, deren Wohlbefinden hängt von unserer Handlungsweise ab. Natürlich gilt das nicht für unser minderjährigen Kinder. Nein, ich spreche von Erwachsenen.

Mir passiert folgendes im Rahmen einer Diskussion mit einer Bekannten, die mir plötzlich ich ins Wort fiel und meinte:
>Wenn Du Dich erheblich mehr zurücknehmen würdest, ging es mir besser und ich würde mich wohler fühlen< Wir waren zu diesem Zeitpunkt nicht einer Meinung. Ich vertrat auf eine bestimmte Art, meinen Standpunkt und meine Sichtweite zur Sache.

Was immer ihr Gemüt bewegt haben mag, sie machte ihr Wohlbefinden von mir abhängig. Sie wollte die Verantwortung für ihr Wohlbefinden an mich delegieren.

Das passiert oft bei viele Kleinigkeiten im Alltag.

Denken wir mal an Situationen, zum Beispiel in der Partnerschaft. Es gibt kleine Dinge, die uns plötzlich nicht mehr so bei unserem Partner gefallen, oder uns nerven. Haben wir da eventuell mal eine Ansage gemacht, wie:

>Wenn Du dies oder das ändern würdest, wäre ich glücklich<

Ich denke da an die offene Zahnpasta Tube. Wie viele kleine, täglichen Streitereien gibt es darüber? Wie kann eine offene Zahnpastatube uns oftmals aus der Fassung bringen?

Unsere Befindlichkeit liegt stets in unserer eigenen Verantwortung. Sie hat nichts mit dem Tun und Handeln unseres Gegenübers zu tun. Unsere Feststellung sollte sein, egal wie sehr wir uns aufregen, wir verschwenden damit unsere gute Laune und wertvolle Energie.

Das heißt nicht, dass ich mich nicht auch hier und da über etwas ärgere. Doch ich kann schnell abschätzen, ob mein Ärger es wert ist Energie zu verschwenden. Mein verstorbener Mann konnte mich immer super beschwichtigen mit den Worten: „Du verschwendest gerade unnütz deine Energie, wenn *du dich so aufregst." Auch die Worte des Schuldirektors meiner Tochter habe ich nicht vergessen. Bei einer Diskussion über das Thema Ärger sagte er:„Egal was hier in der Schule läuft und passiert, den Grad >MEINES< Ärgers bestimme ich immer noch selbst." Für mich gilt schon sehr lange Zeit: „Keinem kann es gelingen mich zu ärgern, wenn ich es nicht zulasse."*

Natürlich werden wir immer wieder in Situationen geraten, in denen wir uns ärgern. Die Frage ist nur, wie weit wir zulassen, dass dieser Ärger uns auffrisst. Wir sollten bewusst überlegen, ob die Sache es wert ist, Energie für Ärger aufzubringen.

>Hier möchte ich Sie bitten kurz das Buch aus der Hand zu legen. Machen Sie eine Pause von

2 - 5 Minuten ein und entspannen Sie sich<

Schließen Sie Ihre Augen!
Bitte, denken Sie nun an einen Ort, eine Stadt, ein Land, das Sie schon einige Male besucht haben. Sie freuten sich immer wieder, wenn Sie dort waren. Sie fühlten sich wohl. Sie konnten sich sogar vorstellen dort zu leben. Noch einmal neu anfangen und durchstarten können. Allein, oder mit allen, die Ihnen lieb sind. Denken Sie nun bitte daran, wie Sie diesen Neustart gestalten würden. Halten Sie fest, welche Gedanken und Gefühlen Sie in diesen Minuten bewegt haben.

Wenn sie diese kleine Pause beendet haben, sollten Sie aufschreiben, was Sie bewegt hat. Ich wünsche mir sehr, dass Sie bei diesem Gedankenspiel gespürt haben, wie viel unwahrscheinliches Potential und wie viel Energie in Ihnen schlummert. Oder haben Sie unter Umständen sogar den klaren Wunsch gespürt, neu anzufangen? Halten Sie genau dieses Potenzial an Energie in Ihrer Erinnerung fest.

Ja, genau diese Energie ist es, die uns bei unseren Entscheidungen beflügeln kann. So könnten wir erkennen welche Situationen uns zu unseren Zielen führen.

Meine eigene Entscheidung, nach Berlin zu gehen, hier noch mal neu zu starten, quasi ein neues Leben an zu fangen, war eine meiner besten Entscheidungen, die ich je getroffen habe. Allerdings hätte das alles schon 2 ½ Jahre früher haben können. Leider war ich damals zu sehr damit beschäftig trotzig zu sein, ich war überempfindlich, denn es war die Zeit des Abnabelungsprozesses. Meine jüngere Tochter ging vorher nach Berlin, ging nach vorne in ihr eigenständiges Leben und ich blieb „angeblich" allein und verlassen zurück. Obwohl meine Freundinnen hier in Berlin mir den Vorschlag machten, auch nach Berlin zu kommen, entschied ich mich dagegen, weil ich einige Reibereien mit meiner Tochter hatte. Reibereien, die aufkommen, wenn der Abnabelungsprozess stattfindet. Natürlich war die Zeit dafür gekommen. Das wusste ich ganz genau vom Verstand her, aber mein Gefühl hinkte hinterher. Ich zerfloss immer mehr in Selbstmitleid,

spielte Opfer, und zog mich selbst so richtig runter.
Dazu kam, dass ich geschäftsmäßig auch keine
richtige Perspektive mehr in Bonn sah. Nach der
Wende verfiel unsere ehemalige Bundeshauptstadt
Bonn in den Dornröschen Schlaf. Meine Kooperati-
onspartner hielten auch an ihren alten Geschäfts-
strukturen fest und wollten nichts von Innovation
wissen. Meiner Freundin in Berlin jammerte ich per
Telefon ständig etwas vor. Sie wusste auch bald
nicht mehr, was sie mir noch sagen sollte. Ich war
taub für jedes Argument, setzte stets was dagegen.
Gleichzeitig war mir aber auch klar, ich war eigentlich nicht mehr ich selbst.

Ich hatte mich mal wieder in all den alten Verhaltensweisen verfangen, die uns alle hin und wieder
einholen werden. Doch dann gingen die Gesprächs-
runden los, in denen ich Menschen, mit meinen Erkenntnissen und Denkanstößen helfen konnte. Ich
erkannt, ich hatte mich damals falsch entschieden,
und es doch besser wäre, nach Berlin zu gehen. Ich
konnte endlich wieder handeln, hatte mir endlich
wieder ein Ziel gesetzt. Bei meinem nächsten Be-
such in Berlin wurde alles mit meinen Freundinnen
und meiner Tochter abgesprochen.

Ich ließ lieb gewonnenes Gewohntes und Beque-
mes, aber auch meine besten Freunde zurück. Zum
Glück aber auch meine Unzufriedenheit und emp-
fundene Ausweglosigkeit, und zog um! Meinen
Freunden in Bonn sind mir nie verloren gegangen

Dabei habe ich auch gleich die alte Aussage wider-
legt: >Alte Bäume verpflanzt man nicht<

Ich bin immerhin schon über 60 gewesen und habe mich getraut neu anzufangen. Wie war das noch gleich? Wer wagt, gewinnt! Ich habe auf der ganzen Linie gewonnen. Ich habe mit dieser Entscheidung wirklich das ganze Potenzial an Kraft und Energie freisetzen können, das in mir steckt. Unter anderem habe ich nach dem Umzug mein Erfahrungsseminar auf die Beine gestellt, das nun in diesem Buch zusammengefasst ist. Mir ging und geht es einfach wieder rund herum gut.

Ich habe wieder ein neues Kapitel im Abenteuer LEBEN geöffnet und lebe es bis heute. Es gibt auch gar keine Gründe mehr zu jammern!

Wie Sie sehen, auch mir passierte es, mich in unbefriedigte Situationen hinein zu manövrieren.

Wichtig ist dabei nur, sich die eigenen Fehler einzugestehen, den Kopf hoch zu halten, um es beim nächsten Mal besser zu machen. Oftmals ist es uns ja etwas peinlich, wenn etwas danebengeht. Hier ein kleiner Spruch, der es leichter macht mit der Peinlichkeit umzugehen:

>Jeder hat das Recht, sich täglich einmal zu blamieren< Das hilft!

Peinlichkeiten sind einfach menschlich, Peinlichkeiten entstehen immer wieder und sie sind nicht immer vorherzusehen. Manche Tücken des Alltags sind schlicht unvermeidbar.

Peinliche Momente sind kein Zeichen dafür, dass wir uns nicht „angemessen" verhalten können.

An meinem oben genannten Beispiel ist klar zu erkennen, durch nicht HANDELN ist Resignation entstanden.

Als nächstes erleben wir dann das verminderte Selbstwertgefühl. Danach den Verlust des Selbstvertrauens. Obendrein könnten wir auch mit Versagens- und Existenzangst konfrontiert werden.

Darum schauen wir lieber auf unsere inneren Stärken und werden mutig.

Mutig für Entscheidungen, bei denen wir den Spaß an der Herausforderung erfahren. Dabei sollte es uns egal sein, wie unser Umfeld reagiert. Egal sein, ob wir belächelt oder schief angesehen werden.

Keiner in unserem Umfeld kann uns wirklich helfen. Sicher, durch Gespräche mit Freunden und Bekannten können wir Entscheidungshilfe erfahren, doch in der endgültigen Entscheidung und bei unserem Entschluss zu handeln, sind wir immer allein. Noch einmal: Nur wenn wir das Beste für uns herausarbeiten, das Beste von UNS erwarten, werden wir das Beste erreichen. Nur wir sind das Beste, das es gibt und das wir haben in unserem Leben.

KEIN anderer kann besser für uns sein, als wir selbst!

Wenn wir dies verinnerlichen, uns dies stets und ständig vorsagen, werden wir erkennen, nur wir selbst haben das Werkzeug, das uns zur Verfügung steht. So greift dann Eins ins Andere und der Erfolg, oder das, was wir Glück nennen, werden unsere Begleiter sein. Wenn wir Mut einsetzen, die Herausforderung annehmen, stellt sich auch bald Zufriedenheit ein, die zu positiver Ausstrahlung, ja sogar zum Glücklichsein führt.

Unser Selbstbewusstsein wird wiederhergestellt. Das bringt die Sicherheit zurück. Sicherheit wiederum führt zu Vertrauen. Vertrauen führt dann zur Offenheit, und in der Offenheit liegt das Selbstwertgefühl. Mit unserem neuen Selbstwert kommt die Gelassenheit. Gelassenheit, bitte nicht verwechseln mit Interessenlosigkeit.

Nun können wir feststellen, wenn wir uns selbst so einschätzen und achten, werden wir auch von anderen so gesehen und geschätzt.

Natürlich wird es immer wieder Menschen in unserem Umfeld geben, die stets bemängeln, tuscheln, Kritik üben und meckern müssen, denen es einfach nicht passt, wie wir leben. Diese Menschen haben eben selbst kein ausgefülltes Leben. Wer sich wirklich selbst um sein Leben kümmert, hat gar keine Zeit sich in das Leben andere einzumischen.

Durch die Arbeit an uns selbst, den Veränderungen, die wir vornehmen, werden wir natürlich in vielen Bereichen auch erfolgreicher. Und wenn wir erfolgreich werden, treffen wir allerdings auch auf eine andere Eigenschaft unseres Umfeldes.

Wir treffen auf den NEID, den großen Bruder des Erfolges. Der Neider beschäftigt sich meistens damit, den Erfolg anderer klein zu reden.

Nach dem Motto: Die haben doch nur Glück gehabt! Das war Zufall.

Doch wehe, wir haben Misserfolg, dann überschütten sie uns mit ihrer Schadenfreude. Nun geht das bösartige Gerede erst richtig los.

Auch in der Gesellschaft werden wir sofort negativ bewertet, wenn wir Misserfolg hatten. Wir werden ausgegrenzt, wir verlieren in den Augen der Gesellschaft das Vertrauen. Ein Konkurs, ein Misserfolg wird gleichgesetzt mit Versagen. Dazu kommen dann die Schadenfreude und leider auch die Demütigungen. Das sind die gewohnten Verhaltensweisen, die Neider und Teile der Gesellschaft ansetzen. Wenn wir >Glück< haben, werden wir manchmal für unser Versagen bemitleidet.

Ich habe es selbst erlebt, als ich vor etlichen Jahren in meine absolute geschäftliche Pleite gerauscht bin. Das war mit meinem Internet Café, eins der ersten in Bonn. Versuchen Sie einmal, wenn Sie ganz unten sind, irgendwo Geld her zu bekommen, um wieder auf die Beine zu kommen.
Keine Bank steht mehr auf Ihrer Seite.
Also, ich kenne den Zustand von Existenzängsten. Das Gefühl der Aussichtslosigkeit. Dazu das Bewusstsein einen riesigen Schuldenberg zu haben. Doch ich will auch das Positive erwähnen. In meiner >Unten Zeit< gab es Menschen, die mich aufgefangen haben, wenn es bitter wurde.

Das war in erster Linie meine jüngere Tochter und zwei Freundinnen. In Berlin kamen noch zwei weitere Freundinnen hinzu, auf die ich zählen konnte,

wenn es wirklich ganz eng wurde. Ich habe aller-
dings auch nie Ausreden erfunden, warum ich pleite
war, oder habe einen anderen Schuldigen gesucht.
Ich hatte einen entscheidenden Fehler bei der
Standortanalyse gemacht und der hat mir dann das
>Genick< gebrochen. Doch das allerwichtigste war:
Ich bin wieder >aufgestanden< Durch die Hilfe ei-
nes Freundes konnte ich in den Direktvertrieb ein-
steigen, und war dann auch sehr schnell wieder er-
folgreich. Für meine Schulden reichte ich die private
Insolvenz ein und bin nach 7 Jahren schuldenfrei
gewesen.

Also, wenn wir mit Neid aus irgendeiner Ecke
konfrontiert werden, könne wir getrost davon
ausgehen, wir sind auf dem Weg zum Erfolg, denn
            es
wird doch gesagt:
>Mitleid bekommen wir geschenkt, Neid müssen
wir uns erarbeiten<
Also werden wir doch lieber beneidet, als bemitlei-
            det

Nochmal kurz zurück zu unseren Neidern!
Wir sollten uns über die notorischen Neider keine
Gedanken machen und über das neidvolle Gerede
einfach hinwegsetzen, denn:

>Erfolg ist nur halb so schön, wenn es niemand
gibt, der einen beneidet<[2]

---

[2] Norman Mailer, s. Quellnachweis

Erfolg ist immer etwas, das folgt, folgt auf Entscheidung zum Handeln, zum Mut!

Erfolg bedeutet auch, schwierige Situationen zu meistern und völlig überzeugt zu sein, von dem, das wir tun.

Doch wie sieht es denn eigentlich mit unserem, eigenem Neidempfinden aus? Überlegen wir mal, was es ist, wenn wir uns über jemanden auslassen, oder überhaupt Verhaltensweisen anderer bemängeln? Ist da nicht auch etwas Neid von unserer Seite mit im Spiel, auch wenn wir es nicht gerne zugeben!? Neid, dass ein anderer mehr Mut hat etwas zu verändern, etwas zu tun, das wir uns nicht trauen.

Dazu kurz dieses Beispiel:

Es ist etwas extremer gewählt, gerade deshalb habe ich es genommen. Denken wir an ein Ehepaar, 25 Jahre oder länger verheiratet. Wir kennen es schon länger. Dann hören wir, einer von beiden ist aus der Ehe ausgebrochen, will sich scheiden lassen.

Wir kennen keine Hintergründe, doch wie reagieren wir? Auf der einen Seite wahrscheinlich mit Verwunderung, aber auf der anderen Seite auch mit Empörung, oder etwa mit Worten: >Wie kann sie oder er das nur machen nach all den Jahren< Wie wahrscheinlich ist es wohl, dass da draußen etliche Partner leben, die am liebsten das Gleichen tun würden. Sie trauen sich aber nicht, aus welchen Gründen auch immer.

Hat das nicht auch etwas mit Neid zu tun, Neid auf den, der etwas tut, das wir uns nicht trauen? Vieles dieser Empörung hat auch mit gesellschaftlichen Etiketten und Moralansichten zu tun.

Stellen wir bitte nur fest, es ist egal was wir tun, wie wir leben, wir werden immer wieder Menschen begegnen, die bemängeln und kritisieren. Wir können es nie im Leben allen recht machen. Warum sollten wir auch. Besinnen wir uns lieber darauf, so zu handeln, wie wir es für richtig halten, egal was andere dazu sagen. Und außerdem, wer will denn schon ernsthaft

> Every Bodys Darling sein < Ich nicht! Sie?

Die beste Entscheidung in unserem Leben kann also nur sein, mehr auf die Selbstbestimmung zu setzen. Ebenso ganz klar die Konsequenzen abzuschätzen, die unserem Handeln folgen.

Außerdem sollten wir nicht immer nur mit dem Strom schwimmen, der von der Gesellschaft vorgegeben ist. Ab und zu tut es richtig gut auch mal gegen den Strom zu schwimmen. Auch das hilft, weiter zu kommen. Eine junge Freundin von mir, sagte mir sehr überzeugend:

>Nur tote Fische schwimmen mit dem Strom<
Recht hat sie!

Nichts kann 24 Stunden am Tag nur klappen, und sicher werden wir auch nicht immer alles richtigmachen. Doch egal wie die Konsequenz, sprich Folgerichtigkeit unserer Entscheidung ausfällt, denken wir immer daran, wir leben in der Welt der Polarität. Jede Sache, jede Situation, jedes Ding hat immer zwei Seiten. Es kommt nur darauf an, wie flexibel wir in unserer Betrachtungsweise sind. Denn auch das Leben hat zwei Seiten.

Betrachten wir stets nur die negative Seite, die negative Situation, ziehen uns selbst runter und schaffen uns erst recht Probleme.

Mit diesem Verhalten blockieren uns und damit auch die Suche nach Lösungen. Außerdem legen wir so den Grundstein für erneutes Scheitern, erneute Probleme und Konflikte. Probleme, Konflikte oder Scheitern können auch Herausforderungen sein.

Hier könnten wir zeigen, was wirklich in uns steckt. In den USA habe ich das folgende zum ersten Mal gehört: >Love it, leave it or change it<

Anders gesagt: >Liebe was du tust, gehe, wenn`s dir nicht gefällt, oder verändere es.

Es ist, bleibt und wird immer die Wahl jedes einzelnem von uns sein. Dabei gibt es keinen richtigen oder falschen Weg.

Es gibt immer nur den einen, individuellen Weg, egal wie oft wir immer wieder neue Wege gehen werden, um unser Leben zu verändern.

Und ganz nebenbei, wir alle wissen doch, Fehler zu machen und sie uns einzugestehen macht uns wirklich stark. und außerdem:

>Wer uns liebt, lacht sowieso<

Das ist die perfekte Überleitung zu unserem nächsten Thema.

4. Gesunder Egoismus, Ich Bewusstsein

Ich weiß, vieles was Sie von mir lesen oder hören, ist Ihnen nicht unbekannt. Wie schon gesagt ich kann und will das Rad auch nicht neu erfinden.
Ich möchte Sie nur ein wenig wach rütteln, nur Ihr Bewusstsein wieder stärken, um Ihr Wissen wieder für sich einzusetzen und zu nutzen.

Wir alle wissen es, hören es fast täglich:
>Jeder ist für sein Leben selbst verantwortlich<

Wir haben bis hier etliches beleuchtet, was uns ausbremst. Nun kommen wir zu einem ganz wichtigen Punkt. Zu unserem ICH, zu unserem eigenen EGO.

Was heißt das?
Es heißt, wir sollten wirklich dringend lernen, gesunde Egoisten zu werden.
Auch sollten wir lernen, die negative Behaftung des Wortes >EGOIST< zu vergessen. Die Silbe EGO, heißt nichts anderes als: ICH!

Egoist werden? Nein, natürlich nicht einer, der über Leichen geht. Auch nicht der, der nur seine Ellenbogen einsetzt und andere verletzt.
Ein positiver Egoist zu sein heißt auch nur, ein eigenes >EGO< zu haben und es auch zu kennen, mit allen Stärken und Schwächen.
Heißt auch ich muss auf mich achten. Denn nur über ein bewusstes, ausgeprägtes ICH können wir zum DU und letztlich zum WIR finden.

Was glauben Sie, was für eine unsichere, graue Maus ich war, als ich aus dem Heim kam und auch noch etliche Jahre danach.
Bis ich erkannte, ICH muss was tun, ICH muss zuerst an mir arbeiten, Sicher ist dies ein Thema, das Unbehagen auslöst, oder zu mindestens etwas gemischte Gefühle verursacht. Auch für mich. Keiner möchte gerne als egoistisch angesehen werden, und doch ist es notwendig bis zu einem gewissen Grad egoistisch zu werden, oder zu sein.
Ein wichtiger Schritt dabei ist zu überlegen, was passiert, wenn wir unser EGO nicht beachten?

- Wir sagen öfters JA, wenn wir eigentlich NEIN sagen sollten.
- Wir sagen JA statt NEIN aus Bequemlichkeit.
- Wir sagen JA statt NEIN, weil wir anerkannt werden wollen.
- Wir sagen JA statt NEIN, weil es einfacher ist nachgiebig, als konsequent zu sein.

Wenn wir nun so agieren, was bedeutet das für uns. Was sagt das über uns aus? Es sagt ganz klar: Wir nehmen unser Gegenüber wichtiger und stellen unsere eigene Befindlichkeit hinten dran.

Schon in der Bibel heißt es: >Deine Worte seien JA, JA, oder NEIN, NEIN, alles andere ist von Übel<

Oft handeln wir so, weil wir selbst sehr viele schmerzhafte Neins hinnehmen mussten. Neins, die uns verletzt haben, durch die wir Ablehnung oder

Abweisung erfahren haben. Wir vergessen über diese Haltung ganz, was wir eigentlich möchten, ja was wir eigentlich wollen.

Das heißt nicht, dass wir unserem Gegenüber nicht auch mal entgegenkommen können, aber nur so lange, wie wir uns damit wohl fühlen.

Wenn unser Handel aber passiert, weil wir uns nicht auseinandersetzen können, wird es Zeit zu prüfen, was unsere Bequemlichkeit, oder unsere falsche Rücksichtnahme damit zu tun haben.

Ich habe einiges Übel erfahren, weil ich früher auch nicht klar gesagt, oder gehandelt habe. Ich habe damit oft Situationen erlebt, die sehr schmerzlich waren. Auch für mich gab es Zeiten, in denen ich JA sagte, anstatt NEIN, nur um Auseinandersetzungen zu umgehen, weil ich wusste, mein NEIN, würde Gewalt gegen mich bedeuten.

Das passierte sehr, sehr oft in meiner 2. Ehe. Wir führten damals eine Gaststätte zusammen. Wenn der Herr seinen Alkoholpegel gepflegt hatte, wollte er unterwegs sein. Leise Einwände von mir wischte er bei Seite, griff in die Kasse, nahm sich reichlich Geld raus und verschwand. Aus lauter Rücksichtnahme gegenüber meinen Kunden, meinem Umfeld, bin ich nie laut oder bestimmend gewesen. Resultat: Diese Ehe endete in einem ziemlichen Skandal und kriminellen Taten dieses Mannes. Das hat mich viel schlimmer getroffen, fast meine Existenz gekostet und mein Selbstwert beschädigt.

Daraus habe ich gelernt NEIN zu sagen. Egal wer es war, oder was um mich herum war.

Überlegen wir jetzt bitte:
Wie oft passiert es in unserem täglichen Leben, dass wir unsere eigenen Bedürfnisse zurückstellen? Wie oft schauen wir, dass es dem anderen gut geht?
Wie viel Rücksicht nehmen wir immer und immer wieder? Merken wir gar nicht mehr, wie wir nur noch auf die Wünsche und Befindlichkeiten anderer eingehen? Diese Verhaltensweise kann uns leider über die Zeit zur Gewohnheit werden.
Was passiert eigentlich mit uns bei diesem Verhalten? Genau dieses:

- Verlust unserer Lebensfreude.
- Die Unzufriedenheit wird unser Begleiter.
- Alles plänkelt gerade so dahin.

Und unser Gegenüber? Unser Gegenüber lebt auch in einer Gewohnheit. Eine Gewohnheit, die wir geschaffen haben. Es nimmt das an, was wir aus lauter Gewohnheit und falscher Rücksichtnahme anbieten.
Erkennen wir jetzt, wie wichtig es ist, ein positiver Egoist zu werden? Wie aber lernen wir das?
Indem wir uns die Zeit nehmen für uns.
Indem wir uns intensiv mit uns selbst befassen, in uns hineinhorchen. Schauen was wir wirklich wollen. Wie wir wirklich leben wollen. Bei diesen Überlegungen bitte immer das Wort: >ICH< benutzen.

Zum Beispiel so:

ICH möchte für mich......
ICH habe diesen Traum für mich,
ICH will mich um mich kümmern

Dies sollte solange praktiziert werden, bis wir die
Selbstverständlichkeit erreicht haben ganz bewusst
zu sagen: >ICH bin ICH<

Um uns dies noch ein wenig mehr begreiflicher zu
machen, hier ein Wort, das wir sicher alle kennen:
„Liebe deinen Nächsten, wie dich selbst."
Ja, auch dieser Spruch ist aus der Bibel, und sagt
doch klar aus, wie wichtig es ist, sich selbst zu lieben.
Einen anderen Menschen zu lieben, setzt stets vo-
raus, in der Lage zu sein, sich selbst zu lieben.

Somit kann ein gesunder persönlicher Egoismus
nicht negativ sein, sondern sagt nur ganz deutlich
die Einstellung zu uns selbst aus.
Eine Einstellung, die ausdrückt: Ich weiß wer ich
bin. Ich weiß auch, wie ich in meinem Leben die Zü-
gel in der Hand habe.
Wir stellen uns in unsere Mitte. Wir leben, denken
und handeln mit der Überzeugung:

- ICH bin ICH
- ICH bin wertvoll
- ICH nehme mich wichtig
- ICH liebe mich

- ICH habe eigene Wünsche und Träume
- ICH bestimme in meinem Leben
- ICH schaue heute genau hin und frage, was ICH morgen sein will.
- ICH schaue zuerst, wie ICH meine Bedürfnisse nach Harmonie, Sicherheit, Zufriedenheit, Anerkennung und eindeutigen Zielen selbst erfüllen kann.
- ICH weiß, was ich kann. Was ICH nicht kann, lerne ICH, wenn es mir wichtig ist.

Wenn wir das verinnerlich haben, sind wir nicht mehr abhängig davon, dass uns andere in Ordnung finden.

Wir sollten stets ausnahmslos Zeit haben für das, was uns wirklich wichtig ist. Keine Zeit zu haben, bedeutet: >Es ist uns nicht wichtig genug<

Deshalb ist es wirklich wichtig, ganz offen mit sich selbst umzugehen, sich selbst zu verstehen, sich zu begreifen und vor allem sich zu akzeptieren, mit all den noch so verborgenen Macken und Fehlern.

Wir dürfen auch eigensinnig sein, das ist eine andere Art von Egoismus.
Das ist der Egoismus, bei dem wir schon auf unsere Art erklären, was wir für uns wollen. Auch wenn es dazu führen könnte, uns gewaltig den Kopf stoßen, wenn wir mit unserem Eigensinn durch die Wand wollen. Aber das sind die Erfahrungen, die uns dann im Leben weiterbringen.

Weiter bringt uns sicher auch eine optimistische Gesinnung, um Dinge voran zu bringen. Optimisten nutzen die Chance, sehen schon die Bilder des Erfolges und erreichen so ihre Ziele.

Selbstverständlich sollten wir dennoch erkennen, wann natürliche Rücksichtnahme gefragt ist.
Sie beschreibt das Verständnis, das wir Personen entgegenbringen, die sich gerade nicht in der gleichen Lage, wie wir befinden. Rücksichtnahme, die beachtet werden sollte, wenn gewisse Umstände, oder Gefühle dies erfordern. Auch dann, wenn durch weniger Rücksichtnahme von uns das Allgemeinwohl gefährdet würde.
Durch eine bewusste EGO – ICH Wahrnehmung, werden wir aufmerksamer, nicht nur zu unserem eigenen Wohl, sondern auch gegenüber dem Wohl in unserem Umfeld.
Diese Überzeugung spiegelt sich dann in unserer neuen Ausstrahlung wider. Ausstrahlung, die auch von einem DU, einem Gegenüber wahrgenommen wird.
Ehe wir uns versehen befinden wir uns auch in einem Kreis, in dem dann das WIR wichtig ist.

Mit diesem Annehmen von uns selbst, mit der gewonnenen Eigenliebe, stärken wir unser Selbstbewusstsein, das öfter hier und da wohl ins Wanken geriet. Endlich spüren wir, wissen wir, was Unabhängigkeit bedeutet. Das kann uns dann die Angst

vor dem nächsten Schritt nehmen, uns den Mut geben unsere Einstellung zum gesunden Egoismus zu ändern.
Aus diesen Erkenntnissen heraus können wir nun überlegen, welche Veränderung wir vornehmen wollen. Wenn wir ganz sicher sind, können wir dann mit Überzeugung loslegen.

Wollen wir aber gerne so weitermachen, wie bisher, ist das vollkommen in Ordnung. Nach wie vor: >Unsere Entscheidung, unsere Wahl<

Doch egal in welcher Situation wir uns gerade befinden, machen wir bitte nicht den Fehler zu hoffen, unsere Situation regelt sich von selbst.
Sich aufs HOFFEN zu verlegen, ist hoffnungslos.

Damit erzeugen wir nur die Lähmung unserer persönlichen Verantwortung.
Selbst wenn wir noch so erbarmungswürdig seufzen, es wird kein Wunder geschehen. Auch wenn wir gerne daran glauben möchten.

Es heißt zwar:
[3]>Glaube versetzt Berge<

---

[3] Martin Luther, s. Quellennachweis

Im übertragenen Sinn bedeutet es aber, wenn wir einen Berg versetzen wollen, sollten wir tätig werden. Aktiv werden, denn mit Passivität versäumen wir den Umstand, die Sachlage, oder die Situation durch gezieltes Handeln zu verändern.

Wir werden immer wieder an den Punkt kommen, zu überlegen: >So weiter machen, wie bisher, oder es besser machen<
Veränderungen im Leben vorzunehmen ist sicher nicht immer leicht.
Doch es wird leichter, wenn wir begriffen haben, dass gesunder Egoismus uns nicht schadet. Es schadet auch nicht ein gesundes Verständnis zu unserem eigenen >ICH< zu haben. Veränderungen müssen ja nicht gleich bombastisch sein. Fangen wir doch zuerst einmal mit kleinen Dingen an.
Lassen wir doch einfach mal das Kind, das in jedem von uns steckt, raus. Tun wir doch einfach öfter Mal wieder etwas Verrücktes. Haben wir Mut zu einem >persönlichen Skandal<
Tanzen wir aus der Reihe in welcher Form auch immer!
Die Dinge, die zu den schönsten Dingen im Leben zählen, sind immer die verrücktesten Dinge, die wir getan haben.
Verstoßen wir ruhig gegen alte Konventionen, verlassen wir eingerostete Gleise. Werden wir doch einfach etwas exzentrischer!

Wenn wir den Mut haben auch mal Platz für unsinnige Gedanken, verrückte Ideen, überschwänglichen Humor zu haben, werden wir wirklich die Intensität des Lebens spüren!
Machen wir uns zum Mittelpunkt unseres Lebens, dann spüren wir auch, wie wir loslassen können.
Wir betonen so oft, dass jeder Mensch individuell ist.

Doch wir scheuen uns auch unser Leben individuell zu leben. So richtig von Grund auf individuell, egal ob wir damit anecken könnten, oder sogar belächelt werden würden.
Sicher gibt es auch viele Dinge, die gut in unser Leben passen und keiner Veränderung bedürfen.

Leider gibt es auch die Unentschlossenen unter uns, die sich hinter Ausflüchten verstecken. Die meinen, es sei nicht der richtige Zeitpunkt, der Moment ist ungünstig. Die Situation ist nicht so einfach, etwas zu verändern. Andere Menschen haben es da viel leichter.
Wer mit diesen Ausflüchten argumentiert, konzentriert sich auf das kluge Reden und vergisst zu handeln. Dennoch ist auch das in Ordnung, denn es geht immer nur um eigene Entscheidungen.

Wichtig dabei ist es, stets mit uns selbst im Dialog zu bleiben. Nur so entwickeln wir uns real weiter und können gezielt handeln.
Führen wir ruhig mal Selbstgespräche vor dem Spiegel über unser Vorhaben. Was wir verbalisieren

bekommt ein Bild. So können wir besser aus unserem ICH entscheiden. Ein Gefühl für unser Vorhaben entwickeln und nicht nur mit Logik und Verstand entscheiden. Denn mit unseren Veränderungen wollen wir uns doch wohlfühlen.

Ich spreche fast täglich mit mir selbst. Ich liebe Spiegel und habe einige in meiner Wohnung. Wenn mich nun etwas beschäftigt, renne ich hin und her und bleib dann vor dem Spiegel stehen und lasse alles raus. Ich rufe mich entweder zur Ordnung oder ich lobe mich, je nach Situation. Glauben Sie bloß nicht, bei mir läuft immer alles glatt. Auch ich falle öfters zurück in alte Gewohnheiten. Ich komme nur in ziemlich kurzer Zeit wieder heraus. Meistens sage ich dann vor dem Spiegel: „Ingrid, denk mal daran, was du den Menschen vermittelst, und was machst du jetzt"? Hilft immer! Hilft auch für meine eigenen Entscheidungen, die ich treffen will, wenn ich mit meinem Spiegelbild rede. Natürlich hole ich mir auch Entscheidungshilfe im Gespräch mit meinen Freunden.

Je sicherer wir in unserer Überzeugung werden, dass wir das Beste in unserem Leben sind, umso erfolgreicher wird unsere Veränderung.

Nur das Bewusstsein an unser >ICH<, die Entscheidung zu Veränderungen und die Erkenntnisse daraus versetzen uns in eine bessere Position.

Dennoch sollten wir uns auch Zeit nehmen, und gut überlegen, wie sicher wir tatsächlich unser ICH sein aufgenommen haben.

Zeit sollte unsere erst Priorität sein. Denn Zeit ist etwas, das wir nie zurückbekommen, sie ist unwiederbringlich! Jede Sekunde, jede Minute ist im selben Augenblick vorbei und kommt nie wieder.

Wir alle wissen das, doch handeln wir danach? Bemühen wir uns zum Beispiel, immer pünktlich zu sein? Sicher nicht!
Es ist nicht gemeint, wenn äußere Umstände uns abhalten, sondern wenn wir es nicht so genau mit der Pünktlichkeit nehmen.
Keiner von uns hat das Recht, dem anderen seine Zeit zu stehlen, und einen Termin nicht pünktlich einzuhalten. Genauso wenig sollten wir es zulassen, dass andere mit unserer Zeit spielen.

Ich hatte eine Freundin (sie ist leider nicht mehr unter uns) konnte das so gut. Sie sagte:" Ich bin so gegen 8:00 Uhr da" Tatsächlich kam sie dann um 9:30 Uhr. Ihre Entschuldigung war dann, sie räumt sich so Spielraum ein. Ihr Spielraum war meine vergeudete Zeit, in der ich auf sie gewartet habe.

Daran können wir erkennen, wie wichtig es ist, genau die Zeit zu benennen und sie dann einzuhalten. So ist es auch für uns wichtig, uns selbst die Zeit für genaue Überlegungen zu geben.
Im Zusammenhang mit dem eigenen >ICH<gehört auch der Umgang mit der Pflicht und dem Pflichtbewusstsein!
Das bringt uns nun dazu unsere festen Gewohnheiten genauer zu betrachten. Denn falsch angewandt,

oder starr gelebtes Pflichtbewusstsein, kann zu Hindernissen in unserem Leben werden.
Hier ist eine neue Definierung wirklich nötig! Also betrachten wir bitte folgendes: Was bedeutet Pflicht für uns? Was hat sie mit unserem Ego zu tun?

Wie weit gehen wir, weil wir in der Pflicht sind?
Wann wird Pflichtbewusstsein zur Last?

Selbstverständlich gibt es für uns alle die Pflicht unsere Gesetze einzuhalten. Wir haben unsere Schulpflicht, und auch die Pflicht zur Wahrheit, wenn wir keine Schwierigkeiten haben wollen. Außerdem gibt es für uns eine moralische Pflicht, zum Beispiel Hilfe zu leisten und Hilfsbedürftige zu unterstützen.

Doch wir sollten uns hier vergegenwärtigen, es gibt auch Pflichten, für die wir uns selbst entschieden haben. Wir verpflichten uns, wenn wir etwas versprechen, es zu halten. Wenn wir eine Arbeit machen, sie bestens zu erfüllen. Klar sein sollte uns dabei aber auch, welchen Einsatz wir erbringen, wenn wir uns diese Pflichten auferlegen.

Haben wir dabei die Konsequenzen wirklich und gut überdacht? Jede Pflichtauferlegung ist oftmals auch mit Verzicht verbunden.
Zum Beispiel unsere Freizeit aufzugeben, oder auch die eigenen Ziele zurückzusetzen.

Das beste Beispiel einer besonderen Pflichtauferlegung ist, die Entscheidung ein Baby zu haben. Damit legen wir uns eine der größten Pflicht und Verantwortung auf. Doch wir werden mit so viel unendlicher Freude belohnt. Auch wenn wir nun kaum noch Zeit für uns selbst haben. Jedoch nun gibt es neue Ziele, die alle erstmal mit unserem Kind zu tun haben. Dafür stellen wir dann auch gerne unsere persönlichen Ziele und unser ICH zurück.

Doch wenn wir uns in Erwartung auf Anerkennung, oder sogar auf Dankbarkeit, Pflichten auferlegen, ist unsere Pflichterfüllung nur nach außen gerichtet. In unserer Erwartungshaltung legen wir uns so viele Pflichte auf, dass gar nicht mehr um unsere eigenen Ziele und Wünsche kümmern können. Wir haben keine Zeit mehr, denn wir haben genug mit unserer Pflichterfüllung zu tun. Wir handeln nach dem Motto:
>Wer pflichtbewusst ist, wird wertgeschätzt, tut was sich gehört<

Noch viel schlimmer ist die unbedingte Pflichterfüllung, die durch Zwang erfolgt. Zwang, der als blinder Gehorsam definiert wird und negativ bewertet sein sollte.
Demnach ist es für uns unbedingt erforderlich selbst zu erkennen, wann die Notwendigkeit besteht, Pflichten zu übernehmen.
Bei der Übernahme vom Pflichten sind wir in der Verantwortung, die mit Erfolg oder Misserfolg enden kann. Dadurch entstehen für uns sowohl positive

als auch negative Konsequenzen in Bezug auf unsere eigene Erwartungshaltung. Eine negative Konsequenz unserer Erwartungshaltung bei unserer Pflichterfüllung kann zum Beispiel unser Bedürfnis nach Dankbarkeit sein.

Dankbarkeit!
Mir kräuseln sich immer noch die Nackenhaare, wenn ich an >Dankbarkeit< denke. Jahrelang bekam ich von meiner Tante zu hören, ich solle gefälligst dankbar dafür sein. Was hat sie nicht alles für mich getan. Ich hörte das sogar noch, nachdem ich aus freien Stücken ins Heim ging, wegen all der vielen körperlichen und seelischen Misshandlungen.
Eine Narbe am Arm erinnert mich heute noch daran, dass sie mit dem Messer auf mich eingestochen hat, nur weil ich eine schlechte Note auf dem Zeugnis hatte. Bis heute. habe ich erhebliche Schwierigkeiten mit der Dankbarkeit.
Deshalb fällt es mir bis heute auch schwer, Hilfe anzunehmen, geschweige denn um Hilfe zu fragen.
Nur der Gedanke, es könnte Dankbarkeit von mir erwartet werden, ist mir unangenehm, und wird es immer bleiben. Ich frage nur, wenn es gar nicht anders geht, und dann nur Personen, mit denen ich sehr, sehr vertraut bin, doch auch das kostet mich ungeheure Überwindung Ich mag bei keinem in der Pflicht stehen.
Wenn ich in irgendeiner Situation nach Unterstützung frage, frage ich nur, wenn ich eine Gegenleistung erbringen kann. Doch das Gute daran ist, es bringt mich immer dazu, grundsätzlich meine Dinge

selbst irgendwie in Griff zu bekommen und alle Möglichkeiten auszuschöpfen. Das heißt nicht, dass ich mich nicht riesig freue, wenn mich jemand von sich aus unterstützt, aber fragen? Wenn möglich: Nie! Natürlich kann ich mich bedanken, wenn mir etwas Gutes beschert wird, aber eine Erwartungshaltung auf Dankbarkeit kann ich nicht bedienen. Wenn ich selbst etwas tue, tue ich es, weil ich es gerne tue, weil ich es tun will, weil ich behilflich sein will, oder einfach um jemanden eine Freude zu machen, ohne irgendeine Erwartungshaltung.

Daraus resultiert, unsere Pflichtausübungen bedürfen stets einer gewissen Prüfung und einer sorgfältigen Risikoabschätzung, ob wir nicht in das Befolgen von Regeln verfallen, die nicht unsere eigenen Werten entsprechen.

Wenn wir aber etwas aus freier Entscheidung tun, kann es sich doch nur um eine >SELBSTVERPFLICHTUNG< handeln.

Also können wir davon ausgehen, dass es im Grunde genommen in den eigenen gewählten Tätigkeiten, >DIE PLICHT< nicht gibt.
Solange unser Handeln auf unserer eigenen Entscheidung beruht, kann uns keiner wirklich in die Pflicht nehmen.

Wenn wir das trotzdem zu lassen, begeben wir uns automatisch wieder in die Fremdbestimmung.

Also sollten wir erkennen können, wenn es zum Beispiel, um unseren Job geht: WIR haben uns für diesen Job entschieden.
Geht es um den Umgang mit anderen Menschen, WIR entscheiden mit wem wir Kontakt und Umgang haben wollen.
Doch egal wie diszipliniert wir mit Selbstverpflichtung unsere Ziele verfolgen, es besteht immer die Möglichkeit, dass nicht gelingt, was wir planen.

Es könnte Stillstand geben, es könnte nicht so schnell vorangehen, weil andere Faktoren von außen einwirken. Auch werden wir hier und da auf Widerstände stoßen. Doch wir sollten bei unserer Selbstverpflichtung niemals zu früh aufgeben, oder mit dem zufrieden sein, was wir erreicht haben.

Jedem erreichten Erfolg sollte ein neues Ziel, eine neue Herausforderung folgen. Ohne neue Ziele werden wir nicht vorwärtsgehen, und der erreichte Erfolg verliert an Bedeutung.
Auch sollten wir uns eine breitere Fläche an Möglichkeiten schaffen, um unsere Ziele zu erreichen, wir sollten einfach auch flexibler werden.

Die Entscheidung, sich zu einem positiven Egoisten zu entwickeln, könnten in unserem Leben, in unserer Zukunft, viele neue Perspektiven eröffnen.
Ja, und oben drein würden wir auch noch zufriedener werden.
Wenn wir uns stets auf unser eigenes ICH, aufs eigenen EGO besinnen, finden wir schnell heraus, wir

leben aktiver und wir sind in der Lage hauptsächlich die unangenehmen Situationen zu verändern.
Wenn es aber doch Dinge gibt, die wir nicht verändern können, dann gibt es nur einen Gedankengang: >Die Dinge so akzeptieren, wie sie sind<

Wir sollten uns endlich frei von den Manipulationen anderer machen, um festzustellen, wie die Bedürfnisse nach Aktivität, Flexibilität und Handeln selbstverständlich werden. So erreichen wir unsere Ausgeglichenheit. Wir lösen uns nur von der Gedankenlosigkeit des Alltags, erkennen und überwinden unsere Blockaden.

Wir sollten jedoch vermeiden unsere Veränderung im Hinblick auf Vergleiche mit anderen zu erwägen, so schaden wir nur unserer Individualität und verändern uns zu Abbildern. Wir brauchen nicht danach zu streben andere zu kopieren, denn wir sind das besondere >ETWAS<, stets und immer.

Um letztlich tatsächlich unsere Träume zu verwirklichen, ohne dabei zum Tagträumer zu werden, gehört eben die eine, gewisse Portion EGOISMUS.

Allerdings konnte das Folgende dennoch zu einem Stolperstein werde:
Wir sind ja ziemlich darauf getrimmt, beständig u sein. Getrimmt von unserer Erziehung, auch von der Gesellschaft. Teilweise ist es gut so, doch wenn wir uns nun neu orientieren wollen, wie passt das

denn zusammen? Könnte unser Gefühl zur Beständigkeit zum Konflikt führen? Auch hier ist es wieder nötig, uns von den alten Vorgaben und Strukturen zu trennen.

Unsere Neuorientierungen, sowie unsere Veränderung haben nichts mit unserer Beständigkeit zutun. Wir brauchen nicht bei einer Entscheidung von gestern zu bleiben, wenn wir heute einen besseren Weg gefunden haben.

Unser erster Bundeskanzler hat schon gesagt:

>Was kümmert mich mein dummes Geschwätz von gestern<[4]

Genau das ist es. Was wir heute noch für GUT befinden, kann schon morgen für uns nicht mehr stimmen. Nur wir entscheiden was gut für uns ist.

Unsere Beständigkeit besteht nun daraus, uns selbst gegenüber treu, ehrlich und verantwortungsvoll zu bleiben. Wenn wir diese Sicherheit in uns haben, besteht für uns nie mehr eine Situation, in der wir glauben, uns rechtfertigen zu müssen.

Wenn wir nun erkennen, es sollten in unser Leben Veränderung geben, brauchen wir natürlich Ziele. Diese sollten wir in kleine Ziele, mittlere und ganz große Ziele staffeln.

Wenn wir stark genug sind, können wir uns auch auf Kombinationen von mehreren Zielen einlassen.

---

[4] Altkanzler Konrad Adenauer, s. Quellennachweis

Wir sollten nach Möglichkeit keinen Tag ohne ein erfülltes Ziel beenden, mag es noch so klein sein, es wird uns Zufriedenheit bringen. Dabei dürfen wir allerdings nie den Augenblick, das >Jetzt Hier und Heute< aus dem Blickfeld verlieren. Selbst wenn wir uns zum Ziel >das Faullenzen< gesetzt haben, ist es ein Ziel und kann uns heute zufrieden machen.

Heute haben wir die Gelegenheit für den Neubeginn, mitten drin zu sein, unser Leben zu genießen. Nach Möglichkeit sollten wir vermeiden >Morgen< zu sagen, denn wie schon gesagt:
>Zeit bekommen wir nie mehr zurück<

Außer Mut und Kraft gehört zu all unseren Entscheidungen, auch Selbstdisziplin und Konzentration. Ohne diese Eigenschaften ist es kaum möglich, Veränderungen zu erfahren, Probleme zu lösen und Zufriedenheit einkehren zu lassen. Wenn wir zufriedener sind, wird auch der Umgang mit anderen leichter, und wir finden wieder zu Gemeinsamkeiten.

Genau hier passt ein anderes Beispiel von mir:
Während der Zeit meines Jammertals, des Selbstmitleids, der angeblichen Ausweglosigkeit hat meine Tochter sich natürlich Sorgen um mich gemacht.
Sie wusste aber genau, sie kann mir nicht helfen, dennoch hat meine Unzufriedenheit sie belastet.
Als ich ihr dann mitteilte, ich würde auch gerne nach Berlin kommen, hat sie sich sehr unbehaglich gefühlt. Sie glaubte, ich käme, weil ich in meiner

Lage Beistand von ihr erwarte und hatte erhebliche Sorge, ich könnte in ihr eigenständiges Leben eingreifen. Sie erkannte aber bald, diese Entscheidung bedeutete für mich ein Neustart.

Mit diesem Ziel vor Augen, hatte ich auch wieder zu mir selbst gefunden, wurde wieder aktiv, so wie sie es von mir kannte und führte mein eigenes, unabhängiges Leben. Wir hatten dann auch schnell wieder unser unbeschwertes, guten Verhältnis, unterstützten uns gegenseitig auch, ohne Erwartungshaltung. Ich glaube danach war sie sogar froh, dass ich nach Berlin gekommen bin, weil sie mit eigenen Augen sah, wie wohl ich mich wieder fühlte, und wie zufrieden ich wurde.

Sicher wird es nun immer noch Menschen geben, die uns nicht wohl gesinnt sind, die unseren gesunden >Egoismus< negativ sehen, die mit uns nicht klarkommen. Pfeifen wir einfach drauf, denn unsere Zufriedenheit und unsere Glücksempfindungen kann uns keiner mehr nehmen. Wir haben Veränderungen vorgenommen, einen Neuanfang geschaffen, haben uns frei gemacht von äußeren Zwängen, haben neu gelernt, und haben unsere Unzufriedenheit überwunden.

Hier eine Gegenüberstellung. Die eine Seite ist: Wenn wir unzufrieden, missmutig sind und nörgeln, was passiert dann in unserem Umfeld?

Wir bekommen das zurück, was wir nach außen geben. Keiner wird uns mit Freude begegnen! Es sei denn, es sind die Menschen, die inzwischen gelernt haben, unseren Missmut nicht an sich ranzulassen!

Dennoch haben wir ein unfreundliches Umfeld geschaffen. Das ist die eine Seite.

Nun haben wir aber zu unserem ICH gefunden, haben gelernt uns selbst zu lieben so wie wir sind. Wir
sind zufriedener, ausgeglichener und sicherer geworden. Nun stellen wir fest, es ist viel leichter geworden, den anderen zu lieben, so wie er ist. Und
wenn nicht gerade lieben, dann aber zu akzeptieren. Das ist die andere Seite.

Doch leider gibt es auch Menschen, bevor sie wirklich handeln, erst einmal Entschuldigungen finden,
wie:

Eigentlich sollte ich erst, eigentlich könnte ich doch,
oder eigentlich dürfte ich gar nicht richtig, eigentlich ist das alles so schwer. Eigentlich, eigentlich,
eigentlich.

Wer mit diesen Ausflüchten argumentiert, konzentriert sich nur darauf klug darüber zu reden, und
hat dabei versäumt, wirklich etwas zu tun.

So gaukeln wir uns auch ein gewisses Handeln vor
und damit fließt unsere Energie, die wir für die tat-
sächliche Handlung einsetzen sollten, eben leider
nur ins Anhäufen von ungenutzter Zeit.

Die Situationen haben sich so trotzdem nicht verändert und werden es auch so nicht.

Für uns ist es ganz wichtig, stets im Dialog mit uns
selbst zu bleiben. Ebenso im logischen Denken
müssen wir bei uns bleiben, um uns real weiter zu
entwickeln, um gezielt handeln zu können.

Die sichere Überzeugung und die positiven Erfahrungen, die sich mehr und mehr einstellen, werden

auf unsere Festplatte gespeichert und werden so zu einer Basis der Sicherheit und des Selbstvertrauens! (Festplatte gleich Unterbewusstsein) Wenn wir so entscheiden, können wir dabei verlieren? Ich glaube nicht!
>Wer am Boden liegt, kann nicht mehr tief fallen<

Mit einem Absatz aus dem Gedicht >Selbstliebe< möchte ich dieses Kapitel abschließen.

>Als ich begann mich selbst zu lieben, befreite ich mich von allem, was nicht gut für meine Gesundheit ist, von Speisen, Menschen, Dingen, Situationen und von allem, das mich hinunterzog und weg von mir selbst. Anfangs nannte ich diese Haltung gesunden
Egoismus. Heute weiß ich, es ist Selbstliebe<[5]

5. Vorurteile - Toleranz

Wir haben uns nun sehr ernsthaft mit unserem >ICH< Befinden befasst.
Doch wir sollten uns noch damit befassen, wie ein instabiles >ICH< uns am Arbeitsplatz schaden könnte.

---

[5] Charlie Chaplin, s. Quellennachweis

Ich arbeitete freiberuflich in der Kommunikation für Markt- und Medienforschung in unterschiedlichen Instituten. Oft erlebte ich in den Pausen mit Kollegen, wie diese sich über die Studioleitung, bzw. den Auftraggeber ausließen. wie inkompetent diese seien, und wie unmöglich die Ausarbeitung der Studie sei. Nach kurzer Zeit konnte festgestellt werden, je weiter meine Kollegen sich reinsteigerten, umso mehr verstärkte sich ihre Arbeitsunlust und ihre Motivation verschwand mehr und mehr. Mit dieser Unlust gingen sie dann zurück an ihre Arbeit und selbstverständlich waren sie an diesem Tag sehr viel weniger erfolgreich, dafür sehr unzufrieden.
Wir alle waren freiberuflich tätig, also warum haben diese Kollegen den Auftrag angenommen. Es war ihre freie Entscheidung und deshalb sollten sie verantwortlich das tun, für das sie sich bei der Auftragsvergabe einverstanden erklärt haben. Mit Sicherheit haben sie den Auftrag nicht bekommen, um ständig zu bewerten wie unmöglich ihre Auftraggeber sind.

Grundsätzlich bewegen wir uns sicher in unserer Berufswelt. Wir füllen die Arbeit, für die wir eingestellt wurden, voll und ganz aus. Verantwortlich geben wir jeden Tag unser Bestes. Gelingt nicht immer, doch wichtig ist dabei, uns nicht selbst zu demotivieren. Eigene Demotivation am Arbeitsplatz, verstärkt nur unsere Unzufriedenheit und vermindert unsere Bereitschaft das Beste zu geben.

Bleiben wir ruhig noch ein wenig in der Arbeitswelt in Zusammenhang mit unserem ICH.

Viele geraten ja leider in die Arbeitslosigkeit, zum Beispiel, weil das Unternehmen in den Konkurs geht. Wir ahnen, es würde schwer sein in der bisher ausgeführten Tätigkeit einen neuen Job zu ergattern. Sorgenvoll wird die Frage aufgeworfen, werden wir einen Weg finden, die Krise zu überwinden, ohne in die Arbeitslosigkeit zu fallen.

Unser Ziel sollte auf jeden Fall sein, sich nicht in die Schlange der Klagenden und Lamentierenden einzureihen. Wir sollten uns auf die Kraft konzentrieren, andere Lösungen zu finden. Gut, oftmals sehen wir diese Lösung nicht gleich, weil festgefahrenen Denkstrukturen uns die Sicht nehmen. Doch wenn wir, nicht flexibel genug agieren und handeln, werden wir zu Opfern der Situation. Wie wäre es, wenn wir die Möglichkeit ins Auge fassen, uns beruflich anders zu orientieren.
Zum Beispiel einen ganz anderen Beruf zu erlernen. Oder über den Quereinstieg sich etwas Neues zu schaffen.
Sicher, wir haben die eine Arbeit verloren, aber wir können eine andere haben, auch wenn wir dazu neu lernen müssten. Warum auch nicht. Es wird unseren Horizont erweitern und uns neue Chancen eröffnen. Wenn wir unser komplettes Potenzial nutzen, alles wahrnehmen, was sich uns bietet, werden wir als Sieger aus der Krise herauskommen.

Ich kenne in meinem Umfeld einige Menschen, die für ihren Beruf studiert haben, und nach dem Abschluss keinen Arbeitsplatz bekamen. Sie haben sich entschieden etwas anderes zu tun. Viele haben auch in dem anderen Beruf Karriere gemacht. Allerdings kenne ich auch die, die sitzen und warten, bis die Gesellschaft ihnen endlich ein Angebot macht. Das ist die Gesellschaft ihnen schließlich doch schuldig! (ironisch gemeint)

Ich bin das beste Beispiel.
Einige Male in meinem Leben habe ich völlig berufsfremd wieder neu gestartet. Wenn Sie sich meinen beruflichen Werdegang anschauen, können Sie feststellen, dass ich sehr unterschiedliche Tätigkeiten ausgeübt habe. Ich hätte nie von mir gedacht, einmal so viel Ausdauer aufzubringen, ein ganzes Seminar zu entwickeln und zu schreiben, oder auch dieses Buch. Auch nicht, mich nochmal daran zu setzen, alles zu überarbeiten, um es internetfähig zu gestalten.
Ich bin eigentlich ein ungeduldiger Mensch.
Ich bin schnell für Ideen zu begeistern. Wenn ich mich heute daran begebe, sollte es besser gestern fertig sein, damit ich das Interesse nicht verliere. Doch ich lernte eben durchzuhalten, um meine Ziele zu erreichen. Die Kraft dafür gewann ich nur, weil ich erkannte, meinen eigenen Erwartungen gerecht zu werden. Durchhalten lernte ich in der Zeit meiner Insolvenz, die mich stärker gemacht hat.

Wir werden öfter gefordert neue Wege zu gehen, uns neu zu orientieren. Eine Option für die oben genannte Situation wäre auch die Möglichkeit in die Selbstständigkeit zu gehen, wenn gar nichts richtig greift.

Leider führt in unserer Gesellschaft Arbeitslosigkeit und Insolvenz bei vielen Menschen zu Vorurteilen. Wer schon in einer dieser Situationen war, ist sicher auch schon damit bedacht worden. Wahrscheinlich nicht frei und offen ins Gesicht, aber hinten herum und heimlich. Wir können selten etwas dagegen tun. Wir alle sind mehr oder weniger mit Vorurteilen behaftet, die sich im Laufe der Zeit eingenistet haben. Die Beeinflussung unseres sozialen Umfeldes, unserer Gesellschaft, teilweise aus dem Elternhaus und auch die eignen Erfahrungen haben dabei ihren Anteil.

>Es ist einfacher einen Atomkern zu spalten, als ein Vorurteil zu beseitigen<[6]

Wo und wann fangen eigentlich Vorurteile an? Immer dort:

- Wo wir vorgefertigte Meinungen vertreten.
- Wo wir im Alltag bewerten und beurteilen.
- Wenn wir Mitmenschen in Schubladen stecken.

Aber welche Auswirkung hat dieses Verhalten für unser eigenes

---

[6] Albert Einstein

Wohlbefinden? Unsere Vorurteile, die wir mit der Gesellschaft teilen, lenken uns oft von unserer eigenen Unzulänglichkeit ab. Außerdem vermitteln sie uns ein Zugehörigkeitsgefühl.
Auch definiert die Gesellschaft sehr stark, was
>normal oder unnormal<
ist. Diese Bewertungen gehören auch zu den Vorurteilen.

Wissen Sie, wenn ich im Gespräch erwähne, ich war 4 Mal verheiratet, wird ganz entgeistert nachgefragt: „Du warst 4 Mal verheiratet!" Ich spürte deutlich, wie sich nun bei meinem Gegenüber die Rädchen im Kopf in Bewegung setzten. Selten wurde nachgefragt, wieso, weshalb warum? Mich amüsiert das meistens, auch sehe ich keine Veranlassung, mich zu rechtfertigen. Ich führe das auch nur an, um zu erklären, wie sehr die allgemeine Sichtweise der Gesellschaft uns beeinflusst. Die Frage ist nun: Sollte ich mich für eine 5.Ehe entscheiden, bin ich dann verrückt, bin ich unnormal? Wobei ich sagen muss, ein bisschen verrückt bin ich schon.

Ich mag das Außergewöhnliche, das was nicht immer ganz der vorgegebenen Norm entspricht.

Genauso werden auch die folgenden Beispiele unterschiedlich mit „normal oder unnormal" bezeichnet:

Der 50jährige Mann mit einer 20 Jahre jüngeren Partnerin, ist ein toller Hecht. Der jüngere Mann, der lieber mit einer reifen Frau zusammen ist, hat gleich einen Ödipuskomplex. Aber die reifere Frau, die mit einem viel jüngeren Partner zusammen ist, hat es noch schwerer. Das wird zwar heute schon etwas mehr akzeptiert, aber für die meisten ist es immer noch nicht ganz normal. „Freundschaftlich" wird dann ihr oder ihm vorgerechnet, wer wie alt ist, wenn der andere ein bestimmtes Alter erreicht hat.

Ich selbst habe auch diese „unnormale" Situation erlebt, als ich mich in einen 20 Jahre jüngeren Mann verliebte und er sich in mich. Das passierte 2 Jahre nach dem Tod meines Mannes. Doch Dank meiner eigenen Lebenseinstellung konnte ich mich schnell über das alles hinwegsetzen. Wir heirateten sogar und waren sechs Jahre zusammen. Glauben Sie mir, diese Beziehung ist nicht auseinanderge-gangen, weil er jünger war. Sie ging aus dem simp-len Grund, auseinander, aus dem viele Beziehungen und Ehen auseinandergehen, wir hatten uns ausei-nandergelebt. Wir kommunizierten nur noch über alles, was mit unseren Geschäften zu tun hatten. Wir hatten damals 3 Einzelhandelsgeschäfte, und keine Zeit mehr für Privates.

Da wir gerade bei „normal" oder „unnormal" sind, passt es auch, kurz unser Verständnis von Moral zu beleuchten. Je nach Lebenssituation, haben wir sicher unterschiedliche, moralische Einstellungen und das ist gut so. Solange damit keinem anderen geschadet wird, sollte es für uns keine Rolle spielen. Dennoch gibt es immer wieder die Leute, die sich herausnehmen darüber zu urteilen.

Nur weil nicht nach ihren eigenen, moralischen Grundsätzen gelebt wird. Mit welchem Recht handeln wir so? Für uns sollte doch nur wichtig sein, wie wir unser Leben handhaben, was für uns wertvoll, normal und moralisch ist.

Meine moralischen Grundsätze, meine Normalität stimmt mit Sicherheit nicht mit Ihrer überein, weil Sie andere Grundsätze haben, eine andere Normalität leben. Genau das ist doch, was unsere Individualität ausmacht.

Natürlich bleibt es jedem von uns belassen, zu entscheiden, was in Frage kommt und was nicht. Damit hört es dann aber auch schon auf.
Niemals sollten wir unser Gegenüber beurteilen, oder sogar verurteilen, weil er eine andere Vorstellung, eine andere Lebensweise für richtig hält.
Mit solchem Schubladendenken nehmen wir uns nur die Gelegenheit, einen anderen Menschen wirklich kennen zu lernen.

Nun schauen wir einmal, wie es denn ansonsten mit unserer Toleranz und Akzeptanz aussieht. Denn nur mit diesen beiden Eigenschaften könnten wir den Vorurteilen entgegentreten.
Fangen wir mit einem besonderen Thema an. Mit dem Thema >Homosexualität<
Wie sieht es denn hier mit unserer Einstellung aus? Generell haben wohl die meisten von uns die Einstellung:
>Jeder kann nach seiner Fasson selig werden<

Hiermit drücken wir unsere Toleranz gegenüber dem Anderssein aus.
Doch wie sieht es aus, wenn wir in der eigenen Familie damit konfrontiert werden? Wie steht es dann mit unserer Toleranz und Akzeptanz?

In manchen Fällen ist sie so wenig vorhanden, dass die Betroffenen sich gar nicht erst trauen, sich zu outen. Sie gehen Ehen ein und leben gegen ihre Bedürfnisse und mit dem ungeheuren Druck in der >NORMALEN< Gesellschaft zu bestehen. Welch einen Ballast, schleppen diese Betroffenen nun mit sich herum. Viele Eltern können sich oftmals mit >dem Anders sein< ihrer Kinder abfinden, aber ehrlich akzeptieren und tolerieren können sie es ein Leben lang nicht. Ist es oft nicht einfacher tolerant zu sein, wenn es uns nicht persönlich betrifft?

Aus eigener Erfahrung weiß ich wie schwer es sein kann, nicht zu akzeptieren, und wie simpel es wurde, nachdem die Einstellung verändert wurde.

In meiner Familie gab es auch Homosexualität. Ich kann darüber berichten, denn alle Beteiligten sind nicht mehr unter uns.

Die Mutter, dieser jungen Männer war wirklich eine wundervolle, liebevolle, Frau. Doch es fiel ihr unendlich schwer damit umzugehen. Sie wusste, sie konnte es nicht ändern, aber im Stillen hat sie gelitten. Es war für sie eben nicht „normal". Sie erwähnte mir gegenüber mal, dass sie doch nicht die Lebensgefährten ihrer Söhne, wie ihre Schwieger-

töchter akzeptieren könne. Umgekehrt litten natürlich auch die Jungens darunter. Es war stets ein unterschwelliges Unbehagen zu spüren. Irgendwann sprach sie mit einem Psychologen über ihre Situation. In einem sehr einfühlsamen Gespräch sagte er ihr sie möge doch mal die andere Seite sehen. Sie möge überlegen, wie wunderbar es sei, dass ihre Söhne überhaupt lieben können. Er bat sie, darüber nachzudenken und dies zu verinnerlichen. So könne sie ihre Einstellung in diese Richtung verändern, um dann für sich zu erfahren, dass es überhaupt keine Rolle spielt, wen sie lieben, sondern das sie lieben. Sie verinnerlichte diese Sichtweise wirklich sehr schnell. Von da an hat sie ihre Söhne voll akzeptiert. Auch an dem veränderten Umgang mit den Lebensgefährten merkten wir, dass sie nun auch in der Lage war das Anderssein zu tolerieren. Sie verbrachte sogar ihren Lebensabend mit einem ihrer Söhne und dessen Partner

Dies zeigt doch, wenn wir in Zukunft in der Lage sind, unsere Einstellung zu verändern, erleben wir plötzlich, wie unsere Toleranz und Akzeptanz anders gesinnten Menschen gegenüber zu nimmt. Das Feedback, das wir dann bekommen, wird Achtung und Anerkennung sein.

Das sind Teile unserer realen Bedürfnisse, die unser Leben sinnvoll machen! Natürlich können wir auch an unserer alten Meinung festhalten, denn Gedanken sind frei. Doch wir haben kein Recht Gift zu verspritzen, um Menschen, die anders leben und lieben, zu verletzen.

Erst wenn wir komplett mit unserer eigenen Denkweise im Reinen sind, wird auch unsere Toleranz zur Selbstverständlichkeit. Lassen wir doch unsere alten Denkweisen zurück, lassen wir sie los.

Verharren wir auch ruhig einige Momente und nehmen uns die Zeit, uns von unseren starren Denkweisen zu verabschieden.

Genau so können wir es auch mit einigen Menschen machen, von denen wir negativ Erfahrungen erlebten. Irgendwann und irgendwo wird von diesem Abschied ein positiver Effekt zu Tage gebracht.
Dadurch geht es auch viel leichter vorwärts. Nutzen wir einfach unsere Energie nur kritisch mit uns selbst zu sein, unsere eigenen Verhaltensweisen zu beurteilen. Dann haben wir auch keine Zeit, uns in Kritik mit unserem Umfeld zu befassen.
In diesem Zusammenhang noch ein Denkanstoß.
Wie oft ertappen wir uns, wie wir das Auftreten und Verhalten einiger Jugendlichen kritisieren. Kein Benehmen, keine Werte, keine Achtung, kein Respekt.
Haben wir bedacht, dass alles, was uns hier stört, doch auch etwas mit uns zu tun, uns als Eltern.
Sind wir nicht bis zu einem gewissen Grad mit verantwortlich dafür?
Haben wir sie genug unterstützt, um eigenverantwortlich zu werden? Ließen wir sie als eigenständige Individuen groß werden? Auf jeden Fall hat es auch etwas mit unserer eigenen Lebenseinstellung zu tun. Wenn wir zum Beispiel vorleben, Karriere um jeden Preis und damit verbundene Materialismus ist

wichtig, sollten wir uns nicht wundern, wenn unsere Kinder Materialisten werden und selbstsüchtig sind.

Für einige dieser jungen Menschen kommt noch der Druck dazu, etwas ganz Besonderes werden zu müssen. Wenn möglich, unsere eigenen, nicht geschafften Träume und Ziele zu verwirklichen. Natürlich hat auch das Umfeld Einfluss. Einfluss, dem wir oft nicht rechtzeitig entgegenarbeiten konnten.

Oft sind auch veränderte Lebenslagen Gründe dafür, nicht rechtzeitig einzugreifen. Gründe, die uns zum Beispiel in die Situationen der Alleinerziehenden gebracht haben. Doch gerade in dieser Notwendigkeit der Lage, ist es so wichtig nach einer Lösung zu schauen, die wir für uns selbst und vor unsere Kinder verantworten können.

Nach dem Tod meines Mannes war ich genau in der Situation der Alleinerziehenden. Plötzlich musste ich Entscheidungen für unsere Tochter allein tragen. Der Vater war nicht mehr da, der diese Verantwortung mitgetragen hat. Das einzige, das mir geholfen hat, war das Wissen um meine eigene Stärke. Ich hatte auch öfter Angst und Sorge, wenn ich Entscheidungen für meine Tochter traf, die gegen gut gemeinten Rat ging. Natürlich tat ich dies nach reiflicher Überlegung, und wer kannte schon mein Kind besser als ich. Hier nur eine der Entscheidungen, die ich gegen eine gut gemeinte Empfehlung tat. Es ging um die weiterführende Schule. Ihre Klassenlehrerin empfahl die Realschule. weil meine Tochter

sehr krank war und viel in der Grundschule ver-
säumt hat. Ich meldete sie trotz dieser Empfehlung
auf dem Gymnasium an. Wie sich bald heraus
stellte, war meine Entscheidung gut. Ein wertvoller
Hinweis, den ich von einer Freundin in den USA er-
hielt, hat mir oft bei meinen Entscheidungen gehol-
fen und sie leichter gemacht.
Sie sagte:
>lass deinem Kind seine Individualität, stehe immer
hinter ihm und reiche ihm das Werkzeug, das es in
dem Zeitraum seiner Entwicklung gerade braucht<
Wir beide haben es mit diesem Rat sehr gut ge-
schafft. Sie ist inzwischen sehr erfolgreich und bis
heute haben wir ein sehr gutes Verhältnis.

Niemals sollten wir dazu neigen, uns mit den gege-
benen Umständen zu bescheiden. Wichtig ist, immer daran zu denken, wir sind individuell, egal wie
stark oder schwach wir in den Augen anderer er-
scheinen, denn:

>Nobody is perfect, but everybody is perfect, just
the way they are<

Das war oft eine Aussage von Freunden in New York

Das heißt für uns alle, wir sind absolut perfekt, mit
all unseren Ecken und Kanten.

Jeder von uns hat mit seinen Entscheidungen, wenn
auch unbewusst, die Lebensform gewählt, in der er
sich gerade befindet.

Auch die Personen, wie meine ältere Tochter, der Obdachlose oder der Alkoholiker. Auch sie haben irgendwann im Leben eine Entscheidung getroffen, die leider eine sehr tragische Konsequenz zur Folge hat. Sie leben in der Lebensform, die sie sich durch falsche Entscheidungen geschaffen haben. Sie leben in diesem gewählten Leben, egal welche Situation oder Umstände dazu geführt haben. Es ist nur sehr schade, dass diese Menschen es nicht erkennen, oder nicht mehr erkennen können, dass auch sie die Möglichkeit hätten neu zu wählen. Sicher wäre es unter diesen Umständen viel, viel schwerer sich neu zu orientieren, aber es wäre möglich.

Ich weiß es ist ein krasses Negativbeispiel, weil sicher jedem von uns hier ganz klar ist, keiner von uns will oder wollte so leben.

Auch kann ich mir vorstellen, jeder von uns würde alles daran setzen diese Lebensform zu vermeiden. Genau das ist die Kraft, die wir aktivieren können für Veränderungen, die uns die Lebensqualität bringen würde, die wir uns wünschen. Nur jeder einzelne weiß genau, was ihn tatsächlich ausmacht, was besser oder anders für ihn sein kann, was in ihm vorgeht. Die Voraussetzung hierfür ist nur absolute Ehrlichkeit mit sich selbst.

Wenn wir uns nun trotzdem immer noch fragen, ob wir es in unserem Leben so haben dürfen, wie wir es gerne hätten, gibt es nur eine Antwort:

>*Wir haben es gerade so, wie wir es gerne hätten*<

Das heißt, da wo wir gerade sind, wollten wir hin, auch wenn es uns wieder einmal nicht bewusst ist.

Dürfen wir auch anders leben? Natürlich dürfen wir! Doch was hält uns ab etwas zu verändern? Angst vor Neuem, nicht zu wissen, wie es ausgeht?

Schauen wir doch einmal, was >ANGST< mit uns macht. Auch im Zusammenhang mit Beziehungen.

Wir alle haben eine gewisse Angst vor Umweltkatastrophen, Kriege, Krankheiten. Ja, auch vorm Sterben, doch diese gewisse Angst ist nicht lähmend, sondern sie schützt uns. Sie macht uns vorsichtig, umsichtig und aufmerksam.

Aber wenn wir vor lauter Angst vergessen zu leben, haben wir leider keinen Platz mehr für die Gelassenheit. Wir können uns über die Überraschung eines Augenblickes nicht mehr freuen, weil wir vor lauter

Angst gelähmt sind und was noch schlimmer ist, wir können selten real reagieren. Vor lauter Angst bewegen wir uns so unsicher oder übervorsichtig, dass meistens tatsächlich etwas passiert.

Wir kennen dieses Phänomen als: >selbsterfüllende Prophezeiung<

Ich spreche nicht von den Menschen, die wirklich krank sind, sondern von denen, die vor lauter Angst und Vorsicht, sich nichts zutrauen.

Angst und Übervorsicht wird leider auch von außen an uns herangetragen.

Eltern können sie auf ihre Kinder übertragen. Auch unsere Partner können übervorsichtig reagieren. Weil auch sie vor allem Unbekannten Angst haben.

Wenn wir uns diesem Einfluss nicht unterordnen wollen, sollten wir uns bewusst machen, kein anderer Mensch in unserem Umfeld hat das Recht, mit seinen Ängsten in unser Leben einzugreifen.

Wenn wir uns von vorne herein schon ständig mit allen möglichen Risiken befassen, die eine Veränderung mit sich bringen könnte, werden wir mit Sicherheit nie starten.

Das könnten wir vergleichen mit: Wir planen eine Reise, aber im Innern wissen wir schon, wir fahren nicht. Eins ist dann jedoch sicher: >Am Vorabend der Niemals - Abreise, müssen jedenfalls keine Koffer gepackt werden< Kleiner Scherz

Es ist ebenso, alles das wir angehen hat ein Restrisiko. Ja, und es kann auch mal schiefgehen. Bevor wir aber vor Angst gar nichts tun, machen wir doch lieber hier und da einen kleinen Fehler. Entschließen wir uns einfach zu:

>Jetzt wird es getan, egal was kommt<

Selbst wenn wir nicht wissen, ob es zu 100 % klappt.

Wenn wir starten, haben wir auf jeden Fall eine

50 zu 50% Chance.

Wenn wir es nicht riskieren, haben wir zu 100% die Sicherheit, wir bekommen nicht, was wir wollen.

Warum haben wir eigentlich diese Angst um unsere Sicherheit. Was ist schon sicher? Nur zwei Dinge sind absolut sicher:

>Wir wurden geboren, und sicher ist auch, wir werden eines Tages sterben.

Zwischen diesen beiden absoluten Sicherheiten liegt unser Leben.

Außerdem haben wir immer nur so viel Sicherheit, wie wir Mut zur Eigenständigkeit, zur eigenen Selbstsicherheit, und zum Handeln in Verantwortung haben. Doch sicher wäre es falsch, wenn wir die Schattenseiten bei unseren Vorhaben nicht beachten.

Die Angst vor eventuellem Scheitern blockiert uns. Sie lässt uns auf der Stelle treten. Sie verhindert unsere Tatkraft. Sie macht uns abhängig, kurz und gut, sie nimmt uns unser Selbstvertrauen! In Angst leben, heißt >nicht leben<

Betrachten wir eine anderen Art von Angst:

> VERLUSTANGST<

Uns sind wohl allen die eine oder andere fürchterlichen Auswirkungen der Verlustangst bekannt. Wenn auch nicht aus dem persönlichen Bereich, so doch eventuell von anderen.

Eigenschaften wie: klammern, nicht loslassen können, besitzergreifend sein, Kontrolle ausüben. Ja, auch eifersüchtig zu sein, sogar Gewalt anzuwenden, gehören dazu.

All diese Eigenschaften haben auch in mein Leben eingegriffen. Mein erster Ehemann war krankhaft eifersüchtig. Ich durfte auf der Straße nicht einmal andere Menschen anschauen. Letztlich bin ich draußen nur noch mit gesenktem Kopf herumgelaufen, um ja keinen Streit zu haben. Obendrein entwickelte er einen Kontrollzwang. Er überprüfte, welche Unterwäsche ich trug. Wehe, wenn ich die abends nicht mehr anhatte, weil ich es hygienischen Gründen wechseln musste. Er beschuldigte mich, ich sei fremdgegangen, und dann setzte die körperliche Gewalt vor lauter Eifersucht ein. Kaum zu glauben, aber auch ich bin mal so gewesen. Auch ich habe zugelassen, dass ein Mensch mit seinen Unsicherheiten und seinem Unvermögen massiv in mein Leben eingreifen konnte. Es hat über ein Jahr gedauert, bis ich so mutig wurde, um die Scheidung einzureichen.
Und habe ich daraus gelernt? Schön wäre es, leider nicht!

Nach 10 Jahren selbständigem, eigenverantwortlichem, zufriedenem und auch fröhlichem Leben habe ich zum zweiten Mal geheiratet. Dieser Mann war zwar nicht ganz so eifersüchtig, aber er hatte einen anderen Komplex. Er fühlte sich mir intellektuell unterlegen, und aus Angst er könnte mit mir nicht mithalten, kompensierte er diese Unsicherheit mit körperlicher Gewalt. Er versetzte mich weitaus stärker in Angst mit seinen Gewaltanwendungen.

Aber wie schon vorher erwähnt, Angst lähmt. Mich lähmte sie so stark, dass ich ihn mit meinem Verhalten oft mit Dingen davonkommen ließ, die ich eigentlich hätte anzeigen müssen. In dieser zweiten Ehe hat es länger gedauerte, bis ich endlich wieder handeln konnte. Den Mut zur Veränderung, sprich Scheidung, konnte ich erst aufbringen, als sich Gefängnistore hinter ihm schlossen. Doch auch das lief nicht ohne Angstzustände ab. Er drohte mich umzubringen. In meiner Angst glaubte ich das auch.

Bei unserer Scheidung hat er mich und meinen Anwalt tatsächlich mit einer Pistole bedroht. Wir wurden sogar unter Polizeischutz gestellt.

Lange ist die Angst vor diesem Mann geblieben. Bei mir war es keine Verlustangst, sondern Angst vor ihm und um mein Leben. Ich habe diese Ehe 4 1/2 Jahre ertragen, obwohl ich eigentlich schon 14Tagen nach Eheschließung hätte gehen müssen. Da wurde er schon zum ersten Mal gewalttätig. Ich landete mit gebrochenem Arm im Krankenhaus. Traurig, aber wahr! Bis heute kann ich mir mein damaliges Verhalten nicht richtig erklären. Wie konnte ich alles zu lassen, was in dieser Ehe passiert ist! Ich weiß nur, dass seine massive Gewalttätigkeit mich in große Angst versetzt hat. Ich war mehr damit beschäftigt, ihm alles recht zu machen, als zu mir selbst zu stehen. Zu erkennen, dass ich eine falsche Entscheidung getroffen habe, diesen Mann zu heiraten, hat lange gedauert. Ich wurde damals genug von Freunden gewarnt.

Die Konsequenzen waren bitter und schmerzhaft. Er ist und war einer der wenigen Menschen, dem ich in meinem Leben nie wieder begegnen wollte, und auch nie mehr bin.

Viele Arten der Verlustangst haben oft auf der Welt zu Mord und Totschlag geführt.

Da sind dann die Beziehungen, in denen ein Partner allein Verhaltungsregeln aufstellt, damit seine Vorstellung von einer „sicheren" Beziehung erfüllt wird. Neben der Verlustangst spielen Unsicherheit,

vermindertes Selbstwertgefühl eine große Rolle. Warum können wir diesen Menschen nicht endlich einen Fuß in die Tür stellen? Weil auch hier wieder die Angst eine Rolle spielt. Sei es die Angst vor Verlust, Angst zu enttäuschen, auch Angst vorm Alleinsein. Bevor wir den anderen verlieren, verlieren wir lieber uns selbst. Aber auch die Angst es allein nicht zu schaffen. Wegen der Verlustangst sträuben wir uns gegen Neuerungen.

Wir leben dann lieber in einer einsamen Zweisamkeit, als im befreiten Alleinsein. Da muss doch die Frage aufkommen:

>Was bedeuten wir uns? Was sind wir uns eigentlich selbst wert? <

Eine Bekannte von mir war schon seit Jahren mit einem verheirateten Mann liiert. Ich fragte sie einmal, wie sie ihre eigene Wertigkeit sieht und ehrlich überlegt > Nur die andere Frau zu sein<. Ob sie sich nicht mehr wert ist, als immer geduldig zu warten, bis er sich wegschleichen kann.

Immer im Verborgenen zu lieben und ständig mit einer Lüge zu leben. Ich meinte es nicht moralisch, das muss jeder ohnehin für sich entscheiden. Es geht mir bei diesem Beispiel nur um die Erkenntnis, für sich selbst einen hohen Eigenwert zu erstreben.

Wir sollten begreifen, dass wir in unserem Leben, das Wertvollste sind, das wir besitzen. Es kann doch nicht sein, dass wir uns nicht als vollwertig fühlen, nur weil kein Partner an unserer Seite ist?

Wenn wir soweit in unseren Denkmustern sind, wird es da nicht höchst Zeit alte Verhaltensmuster abzulegen. Ängste zu überwinden, neue Wege zu suchen und zu gehen. Eine weitere Begleiterscheinung der Verlustangst, ist die >EIFERSUCHT<

In mir sträubt sich alles, wenn ich den Blödsinn höre:

>Wo keine Eifersucht ist, da ist keine Liebe. Etwas Eifersucht gehört immer dazu<

Vergessen wir endlich diesen Spruch. Wirkliche Liebe bedeutet immer Vertrauen, Freiheit und Partnerschaft. Eifersucht hat da überhaupt keinen Platz. Eifersucht bedeutet immer neben Besitzanspruch und Kontrolle, auch vermindertes Selbstwertgefühl und Selbstvertrauen. Eifersucht führt bei einem der Partner immer zur seelischen Belastung. Wenn wir nun im Gegenzug aus falsch verstandener Liebe, eigener Unsicherheit dem Druck nachgeben, geben wir der anderen Person Macht. Diese Macht wird immer ausgenutzt werden, um die eigene Unsicherheit zu überspielen.

Ganz schlimm wird es, wenn dann diese Aussagen fallen:

>Ich liebe dich so sehr, wenn Du mich verlässt, bring ich mich um<

Oftmals ist mit dem >ich liebe dich so sehr< unterschwellig gemeint, >ich brauche dich so sehr<

Noch einmal zurück zur Eifersucht. Warum sollte Eifersucht in unserem Leben keine Rolle mehr spielen? Weil sie unseren Selbstwert, unser Selbstbewusstsein in Frage stellt. Wir entwickeln so eine Denkweise, die uns unsicher und minderwertig macht, an uns zweifeln lässt. Müssen wir uns das wirklich antun? Ganz klar: >NEIN<

Wer die Eifersucht nicht in den Griff bekommt, wird selten eine erfüllte Partnerschaft führen, denn er ruft genau das hervor, was er vermeiden will. Der Partner wird irgendwann an den Punkt kommen, die Konsequenzen zu ziehen. Die Eifersucht, egal welcher Partner sich selbst damit quält, quält auch immer das Gegenüber und macht fast jede Beziehung zur Hölle.

Dennoch nehmen viele Menschen es so hin. Sie wollen nicht allein sein. Sie bleiben eher lieber bei dem, was wir haben. Sie ordnen sich immer mehr unter und passen sich an. Zu groß ist unsere Sorge und Angst verlassen zu werden, den Partner zu verlieren.

Wir vergessen, wir können nicht verlieren, was wir nicht besitzen. Denn wir besitzen nie einen anderen Menschen, egal was wir alles anstellen. Wir besitzen weder unseren Partner, unsere Kinder, oder irgend-einen anderen Menschen.

Eine andere trügerische Denkweise ist:

Ich kenne ihn, oder sie ganz genau, ich weiß genau wie er, oder sie tickt, kenne ganz genauen seine,

oder ihre Reaktionen!

Verlassen wir uns besser nicht darauf. Wenn unser Gegenüber auch 100 Mal in der gleichen Art und Weise reagiert hat, kann er beim 101. Mal ganz anders reagieren, und dann fallen wir aus allen Wolken.

Auch umgekehrt: Er, oder sie kennt mich lange genug, um zu wissen was ich mag, will oder möchte. Irrtum!

Keinem von uns steht es auf der Stirn geschrieben, was wir gerade möchten, oder empfinden. Deshalb ist die Kommunikation so wichtig, und zwar mit dem Menschen, den es angeht und nicht mit Außenstehenden.

So ist es auch mit unseren Gefühlen, die in Worte gefasst werden.

Wenn wir jemandem sagen: >Ich liebe Dich< weiß doch nur derjenige, der es sagt genau, was er an Liebe fühlt. Das Gegenüber kann nur den Worten glauben. Eventuell können wir noch an dem Handeln sehen, ob diese Worte ehrlich gemeint sind. Aber es sagt nie aus, was unser Gefühl für Liebe bedeutet und welchen Wert die Liebe für uns hat.

Leider ist die Bereitschaft, Leid zu ertragen mehr verbreitetet, als die Fähigkeit das Übel zu beseitigen. Das betrifft nicht nur die Frauen, sondern auch Männer. Es zieht sich durch alle Gesellschaftsschichten.

Ich hätte meine zweite Ehe abkürzen können, wenn ich nach den Misshandlungen, nicht so dumm gewesen wäre, und immer wieder den Versprechungen meines Mannes geglaubt hätte. Ich habe damals genau nach den bekannten und überlieferten Ansichten anderer gehandelt. Auch ich war beeinflusst von diesen Meinungen, die sagten: > Du musst verzeihen können, eine Ehe gibt man nicht so schnell auf. Du musst um deine Ehe kämpfen< Das waren damals die gesellschaftlichen Ansichten, mit denen wir aufwuchsen, die uns vermittelt wurden. Die aller dümmste eigene Meinung und Selbstüberschätzung, der ich aufgesessen war, dann noch: >Wenn ich ganz viel Liebe aufbringe, wird sich eines Tages alles gut und wir werden glücklich<

Vor allem wir Frauen leiden sehr häufig unter dieser Selbstüberschätzung.

Auch ich habe immer wieder aufs Neue gehofft, denn am Tag, nach solchen Prügelattacken, lag er auf Knien vor mir, mit Rosen im Arm und Tränen in den Augen und bat er um Verzeihung! Geändert, geändert hat er sich nie, und als ich dann wirklich gehen wollte, natürlich heimlich, kam er leider dahinter. Nun ging es erst richtig los. Seine Gewalttä-

tigkeiten wurden immer massiver, er nahm über-
haupt keine Rücksicht mehr, er betrog mich, be-
drohte mich, und kontrollierte mich auf Schritt und
Tritt. Er nahm Geld aus der Geschäftskasse, um für
seine Freundin Geschenke zu kaufen, ging nicht
mehr arbeiten, und ich wurde aus lauter Angst, im-
mer handlungsunfähiger.

Nach außen und im Geschäft spielte ich dann
Friede, Freude, Eierkuchen, weil ich auch nicht
wollte, dass jemand merkt was wirklich los war.
Erst nachdem er im Gefängnis landete, konnte ich
endlich die Scheidung einreichen. Die Konsequen-
zen dieser falschen Entscheidung waren aber damit
noch nicht zu Ende, denn nun war ich für mein Um-
feld die Ehefrau eines Kriminellen. Seine Tat, auf
die ich nicht weiter eingehen will, ging durch die lo-
kale Tagespresse. Ich stand jeden Tag in der Öf-
fentlichkeit in meiner Gaststätte, und musste um
meine Existenz kämpfen. Wenn ich früher so etwas
las, habe ich immer die armen Familien bedauert,
die mit der Kriminalität eines Familienangehörigen
konfrontiert wurden und nun war ich selbst in der
Situation. Doch wie Sie sehen, ich hab's überstan-
den. Allerdings nicht ohne Hilfe. Die Hilfe war mein
späterer dritter Ehemann, den ich in dieser Horror-
zeit kennenlernte. Eins hat sich für mich aber be-
wahrheitet:

> Wenn eine Tür zu fällt, öffnet sich eine Neue<

Meine öffnete sich sehr schnell, ich war mutig ge-
nug auch schnell durchzugehen. Nie wieder habe
ich zu gelassen, dass ein anderer Mensch in mein

Leben eingreift und mich am eigenverantwortlich Handeln hindert. Mit meinem dritten Ehemann begann mein ganz neues Leben, so wie ich es mir immer erträumte.

Doch bleiben wir noch ein wenig bei Beziehungen, falsch verstandener Liebe und Angst. Viele Partner in einer Beziehung verschließen oft die Augen für die alltäglichen Unzulänglichkeiten.

Sie glauben, ein gutes Sexualleben zu haben, kann nur aufgrund großer gegenseitiger Liebe so gut sein. Wenn dann irgendwann von einer Seite, aus welchem Grund auch immer, eine Verweigerung der Sexualität kommt, wird diese Verweigerung meistens als Liebesentzug empfunden.

Die Seite, die diese Empfindung hat, wird alles tun, um diesem angeblichen Liebesentzug zu entgehen. So wird wieder die Ebene geschaffen, keine Situation zu zulassen, in der Entzug des Liebesbeweises stattfinden kann. Die andere Seite wird diesen Entzug aber immer öfter eingesetzt. Sie weiß, sie erreicht so, die Beziehung ganz nach ihren Vorstellungen gestalten zu können. Beide Parteien, egal welche Seite, die so agieren und reagieren, benutzen oder lassen sich benutzen. Wer Liebe über Sex definiert, wird mit größter Wahrscheinlichkeit am Ende der Verlierer sein.

Wenn wir dies erkennen, wird es da nicht Zeit, einen anderen Weg einzuschlagen? Die gegenseitige emotionale Erpressung aufzugeben und nicht mehr zu benutzen, bzw. sich benutzen zu lassen.

Oft werden leider diese Handlungsweisen zu gelassen, weil alte Ansichten sehr tief sitzen. Wie zum Beispiel: Eine Frau ist nur komplett, wenn ein Mann an ihrer Seite ist. Egal wie bescheiden die Beziehung verläuft, Hauptsache ein Paar!

Oder beim Mann die Struktur: Eine Frau im Haus, heißt Anspruch auf Versorgung und Bequemlichkeit.

Auch wenn schon enorme Veränderungen in der Gesellschaft geschehen sind, gibt es immer noch sehr viele Beziehungen, in denen der Mann noch bestimmt und die Frau sich fügt.

Leider werden auch viele dieser Beziehung aufrechterhalten nach dem Motto: Lieber eine schlechte Beziehung, als gar keine.

Eine Freundin von mir hat sich genau so verhalten. Sie war ihrem Mann fast hörig, auch sexuell. Immer wieder wurde sie von ihm in die Ecke gestellt und gedemütigt. Er betrog sie auch. Ihre Ahnung, dass er sie betrügt, verdrängte sie stets und schaffte ihm nach wie vor ein gemütliches Heim. Als ich mal bei ihr vorbeischaute, stand sie weinend am Herd, weil es wieder Streit gegeben hatte. Trotzdem kochte sie brav sein Essen aus Sorge, dass er sie sonst wieder mit Liebesentzug bestrafen würde. Diese Ehe ging dann irgendwann in die Brüche. Er ist gegangen. Und was machte meine Freundin, nachdem Verzweiflung und Traurigkeit überwunden waren? Sie schaltete eine Suchanzeige nach der andern, bis endlich wieder ein Mann an ihrer Seite war. Auch dieser Mann wurde von ihr versorgt und erwartete das auch so.

Doch jedes Mal, wenn wir uns sprachen, hatte sie etwas zu bemängeln. Sie ist für mich das typische Beispiel für die oben erwähnten Verhaltenserwartungen.

Was für ein erfülltes Leben! (ironisch). Was für ein trauriges Leben. Es wird nebeneinander her gelebt. Lähmung zum Handeln tritt ein und der Unzufriedenheit wird der Weg bereitet.

Wir ahnen zwar, es sollte eine Veränderung geben, doch leider schauen wir nicht, was wir verändern könnten, sondern wir erwarten die Veränderung des anderen. Das geht dann von beiden Seiten aus. Es ist ja auch viel einfacher den anderen für die Unzufriedenheit verantwortlich zu machen.

Mit der Bereitschaft, die Forderungen des anderen zu erfüllen, sorgen wir für seine Zufriedenheit. Unsere eigene Zufriedenheit bleibt dabei völlig auf der Strecke. Nicht nur Unzufriedenheit ist nun unser Begleiter, sondern wir begeben uns auch in ständigen Stress, die Forderungen des anderen zu erfüllen.

Um Diskussionen zu vermeiden, geben wir nach und machen >gute Miene zum bösen Spiel<

Sind wir doch ehrlich, können wir in einer so geführten Beziehung tatsächlich zufrieden und glücklich sein oder werden?

Leider werden derartige Beziehungen dennoch aufrecht gehalten. Sei es aus vorher erwähnten Gründen, aus Angst, oder sogar aus Mutlosigkeit. Eine andere Entschuldigung unsere unzufriedene Verbindung, aufrecht zu erhalten ist:

>Wegen der Kinder<

Hier übernehmen wir nun die absolute Opferrolle und handeln eher verantwortungslos als verantwortungsbewusst. Nicht nur uns gegenüber, sondern auch unseren Kindern gegenüber.

Unsere Kinder spüren viel eher und schneller, dass etwas nicht in Ordnung ist, was wir oft in unserer Verzweiflung nicht wahrnehmen.

Mir hat meine Kinderärztin einmal gesagt: Kinder sind weitaus besser aufgehoben, wenn sie zwei getrennte, aber glückliche Elternteile haben, als zusammenlebende unglückliche Eltern.

Also ist es wohl ein alter Schuh zu sagen:

>Ein Kind rettet die Ehe oder die Beziehung<. Doch wie viele Menschen begehen diesen Fehler, in der Hoffnung nun wird alles gut?

Wir scheuen für lange Zeit die Mühe, tatsächlich hinzuschauen. Uns zu fragen:

>Wie bin ich eigentlich soweit gekommen<?

Wenn wir in unserem Denken soweit gekommen sind, wird es da nicht Zeit, zu entscheiden, was zu tun ist. Was immer wir dann eventuell verlieren, wir werden auch immer etwas gewinnen.

Sollte es dann zum Ende der Beziehung führen, ist das sicher auch mit gewissem Schmerz verbunden. Jedoch mit dem Blick nach vorne, wird die Vorfreude auf einen neuen Anfang, den Schmerz, die Wehmut bald verblassen lassen.

Eine Beziehung kann nur funktionieren, wenn sie tatsächlich partnerschaftlich gelebt wird. Egal welcher Art die Partnerschaft ist, ob Freundschaft, Ehe, oder Lebensgemeinschaft. Kein Mensch hat es nötig, sich über einen anderen Menschen zu definieren und damit seine eigene Wertigkeit zu aufzugeben.

Ein weiterer Stolperstein, der uns lähmt und verhindert tätig zu werden ist: >Unser Schuldgefühl<

Oft werden wir von Schuldgefühlen geplagt. Schuldgefühlen, die auch aufkommen, wenn wir nicht erreicht haben, was wir wollten. Die auch aufkommen, wenn wir und falsch verhalten haben. Dann sollten wir uns damit auseinandersetzen und uns eingestehen, wir haben einen Fehler gemacht, eine falsche Entscheidung getroffen. Sich mit Schuldgefühlen abzugeben, sich grämen, hindert uns nur, es für die Zukunft zu verändern und zu verbessern.

Was immer auch geschehen ist, ist geschehen und nicht zu ändern.

Ich ertappe mich oft bei Schuldgefühlen, wenn ich mal träge und faul gewesen bin, anstatt das zu tun, was ich tun wollte. Abgelegt habe ich diese Gefühle, in dem ich ganz bewusst, die Zeit des Faulenzens genossen habe. Doch ich gestehe, ich bin oft auch nicht sehr diszipliniert. Nun kommt für die Frage

*auf, will ich das ändern? Richtig stören tut es mich
bei gewissen Dingen noch nicht so sehr, weil ich
weiß, am Ende schaffe ich immer das, was mir
wichtig ist.*

*Aber auch andere Schuldgefühle haben mich lange
begleitet. Zum Beispiel als meine jüngste Tochter
geboren wurde. Ich hatte diese Schuldgefühle meiner großen Tochter gegen über, denn es war klar
ersichtlich, dass die Kleine mit Mutter und Vater
aufwachsen würde, zu mindestens eine kurze Zeit.
Das war meiner Großen verwehrt geblieben ist.
Auch wurden Fehler gemacht, die ich heute bereue.*

*Doch kann ich nichts mehr daran ändern, weil es
vergangen ist. Dennoch hat es länger gedauert, bis
ich dieses unschöne Gefühl los wurde.*

Keinem von uns bringt es etwas, mit einem Asche-
kreuz auf der Stirn durchs Leben zu wandern.

Jede Situation, die uns zweifeln lässt, die wir als
Fehler für uns bewerten, kann der Grundstein sein,
zu lernen, es beim nächsten Mal besser zu machen.
Und wieder einmal, selbstverständlich kann auch
jeder so weiter leben wie bisher, wenn er das
möchte. Doch dann sollten wir allerdings auch keinen Grund zum Jammern und Klagen haben.

Je bewusster wir uns die Dinge klarmachen, umso
besser ist unsere Ausgangsposition in jeder Lebens-
lage zu Lösungen zu kommen, wenn es erforderlich
sein sollte.

Manche Lösungen erfordern von uns auch die richtigen

6. WORTE

Im Umgang mit anderen Menschen können >Worte< viel über die eigene Lebenseinstellung aussagen. Ein kleines Beispiel:

Es gibt einige von uns, die möchten ihre kommenden Geburtstage nicht mehr feiern. Die Begründung: Nun werde ich >schon< 40, 50, 60 Jahre alt, das ist kein Grund mehr zu feiern!

Mit dem Wort >s c h o n< haben wir uns selbst als > alt< bewertet. Ist das nachvollziehbar?

Anders hört es so an: Ich werde ja erst 40, 50, 60 Jahre alt und habe noch ganz viel vor und will noch einiges erreichen.

Damit drücken wir sofort aus, unsere Einstellung ist >jung< So können wir auf Grund unserer Wortwahl, unsere Einstellung erkennen.

Hier ein passender Ausspruch, der zum Thema Alter passt.
Gehen wir noch zu einigen anderen Beispielen für den Umgang mit Worten und was sie ausdrücken!
Das nächste Wort ist: >Versuchen< Bitte vergessen wir dieses Wort! Versuche finden im Labor statt, aber nicht in unseren täglichen Abläufen!

Wenn wir sagen, wir werden es versuchen, drücken wir nichts anderes, als Unentschlossenheit aus.
Wir wollen wir eine konkrete Entscheidung vermeiden. Wahrscheinlich, weil wir von uns nicht selbst

überzeugt sind, es zu schaffen, was wir uns vorgenommen haben. So können wir uns ein Hintertürchen offenhalten, bevor wir handeln. Also mit >versuchen< wird es nicht.

Entweder wir tun es, oder wir lassen es. Wir verändern etwas, oder lassen alles beim Alten!

Auch die Worte >VIELLEICHT< und >EIGENTLICH< drücken ebenfalls keine klaren Entscheidungen aus.

Damit wird nur Unentschlossenheit ausgedrückt. Unentschlossenheit bringt uns leider zurück zur Unsicherheit und macht uns angreifbar und verletzlich.

Auch hier wieder, nur ein klares JA oder NEIN, Tun oder Lassen bringen Ergebnisse.

Kommen wir nun zu einem Wort, das zur Konflikt Bereinigung beitragen kann. Wenn also zwischen uns und einem Gegenüber ein Konflikt entsteht, lassen wir uns eventuell auf einen >Kompromiss< ein.

Hier sollten wir jedoch bedenken, ein Kompromiss gelingt häufig nur, indem beide Seiten Abstriche, oder Zugeständnisse machen. Also wenn beide einen Teil der eigenen Forderungen aufgeben.

Doch nie sollten wir einen Kompromiss eingehen, weil wir aus einer bestimmten Situation, einem Konflikt, einem Streit oder einer Diskussion raus wollen, oder um endlich unsere Ruhe zu haben.

Wenn wir nicht in der Lage sind, eine für uns richtige Entscheidung zu treffen, wir uns überfordert oder in die Enge getrieben fühlen, laufen wir Gefahr, in einen faulen Kompromiss einzuwilligen.

Da bleibt dann oft ein unangenehmer Nachgeschmack. Besser wäre eine Art >Konzession< einzugehen. Das bedeutet, wir erteilen quasi eine >Genehmigung< und gehen bewusster etwas ein, weil wir erkennen, wie wichtig der Bedeutungsinhalt für uns und unser Gegenüber ist. So können wir die andere Meinung gelten lassen, sie sogar zu unserer zu machen, oder unsere eigene Meinung stärken.

Mir ist schon bewusst, ich betreibe hier eine gewisse Wortklauberei.

Es dient ja auch nur dazu, bewusster an die Dinge heran zu gehen. Klarer zu erkennen, was für unser Handeln wichtig ist, um in unserem Leben unsere Ziele zu erreichen.

Einige grammatikalisch falsche Worte sind auch in unserem täglichen Sprachgebrauch übergegangen. Denken wir nur an: > Der Dativ ist dem Genetiv sein Tod< Ich höre die grammatisch falsche Aussage sofort, weil ich diese Grammatik zu Schulzeiten pauken musste, bis es richtig war.

Nun kommen wir zu einem Wort, der Verallgemeinerung. Zu dem schönen Wort:>MAN<

Man sollte, das kann man nicht machen, man macht das so, man, man, man.

Was heißt eigentlich >MAN< Wir benutzen es für allgemeines, nicht persönlich definierte Aussagen.

Wenn zu mir jemand sagt: „das kann man doch so nicht machen," ist meine Antwort: >MAN nicht, ICH kann<

Das Wort >man< könnten wir durch eine klare persönliche Aussage ersetzen. Auch sollten wir nicht anderen zu sagen:
>Das kannst du doch nicht machen<

Doch, der andere kann all das machen, was er will! Unklare Aussagen führen zu Missverständnissen, ja sogar zu Verletzungen. Etwas, über das nicht geredet wird, ist nicht vorhanden.

Mit dem klar gesprochenen Wort haben wir die Kraft, Ideen stark zu machen und die Zukunft mitzugestalten. Ohne klare Worte können wir keine Ideen verbreitet. Also ist die Kommunikation wichtig, denn es steht keinem auf der Stirn geschrieben, was er tatsächlich ausdrücken möchte, oder was er wirklich braucht oder will.

Meine Worte können für Sie zu überspitzt sein, können Balsam oder Gift sein! Es kommt nur darauf an, auf welche Empfindungen, meine Worte gerade treffen.

In dieser Hinsicht habe ich keinen Einfluss, ob es für Sie Gift oder Balsam ist, weil es mit Ihren Empfindungen zu tun hat. Ich wünsche mir jedoch, dass es ganz viele Worte gibt, die richtig verstanden wurden.

Meiner Meinung nach, ist es wichtig, sich ein wenig mit unserem üblichen, teils unbewussten Sprachgebrauch zu befassen. Wir alle haben Missverständnisse erlebt, die zustande kamen wegen eines falschen Wortes.

Deshalb noch ein anderes kleines Wort, das auch bitter aufstoßen kann, je nachdem wie wir es einsetzen.

Das kleine Wort >ABER<

>Aber< ist ein Wort, mit dem wir eine Einschränkung, oder eine Bedingung ausdrücken könnten. Nehmen wir dieses Beispiel:

Das Schuljahr ist zu Ende. Es hat Zeugnisse gegeben. Das Kind freut sich einen guten Notendurchschnitt zu haben. Leider gibt es ein Fach, das nicht so gut benotet ist.

Natürlich sprechen wir ein Lob aus, doch im selben Moment kommt auch schon unser >aber< mit Hinweis, dass in dem Fach mehr getan werden sollte.

Wir haben mit diesem Kommentar gleich beides ausgedrückt. Die Einschränkung für das, an sich gute Zeugnis und auch eine Bedingung gestellt.

>Aber< kann auch eine halbherzige Entschuldigung einleiten. Zum Beispiel: >Es tut mir leid, >aber< wenn dies, oder das nicht gewesen wäre, hätte ich nicht so reagiert<

Mein Beispiel dazu bezeichne ich immer als:

> Da sind zwei Seelen in meiner Brust< Meine Tochter lebt und arbeitet in Australien. Sie hat beruflich eine große Karriere gemacht und ist privat auch sehr glücklich. Natürlich bin ich unendlich stolz auf sie.

Freue mich auch sehr, dass sie glücklich mit ihrem Lebenspartner ist und ich mag ihn auch sehr.

Doch ich vermisse sie und hätte sie lieber wieder in meiner Nähe. Mir fällt es sehr schwer meine Akzeptanz für die Situation mit meiner emotionalen Basis auf einen Nenner zu bringen.

So gibt es eben Momente in denen ich etwas >leide<. Oft stoße ich da bei meinen Freunden auf ein wenig Unverständnis. Um mich zu erklären, um Verständnis zu erhalten, kommt hier auch das Wort >Aber< öfter zum Einsatz.

Noch zwei andere Worte beeinflussen auch unsere Verhaltensweise, teils positiv, teils negativ. >MUSS und WILL<
Das Wort >MUSS< bewirkt stets Druck. Keiner von uns >MUSS<
Wir können das Wort mit: ich >WILL<, ich >WERDE<, oder ich >KANN< ersetzen.
Wenn wir das Wort >MUSS< für unsere Tätigkeiten einsetzen, drücken wir damit aus, unsere Tätigkeit ist eine Bürde, eine Last für uns.
Ersetzen wir nun das >MUSS< durch das >WOLLEN<, drücken wir ganz klar unsere Bereitschaft aus, es zu tun.

Denken wir ruhig an all die täglichen Situationen, in denen wir sagen:
>Ich muss noch dies oder das tun<.

Gehen wir dieselbe Sache mit dem Wort: >Ich will< noch dies oder das tun<, merken wir, wie die Unlust des >MUSS< in die Eigenmotivation des Wortes >WILL< ausgetauscht wird.

Unsere Worte sollten wir öfter unter die Lupe nehmen, um zu verhindern, dass sie Schaden anrichten.

Bedenken wir stets, jedes einzelne Wort, das ausgesprochen ist, kann nicht zurückgenommen werden.
Wenn wir mit Worten verletzen und später sagen: >Das habe ich nicht so gemeint<, ist es im Grunde genommen eine Lüge.
Wenn wir es nicht so meinen, warum sprechen wir es denn aus? Weil wir nicht überlegen, was wir sagen.
Es kann natürlich passieren, dass wir uns falsch ausdrücken. Das passende Wort ist uns nicht einfallen und so kam es zu einem Missverständnis. Hier sollten wir sofort die Möglichkeit nutzen, es auf, oder ab zu klären.
Worte, die verletzen, richten so oft Unheil an, das nicht wieder gut zu machen ist. Wir sollten wirklich sehr viel mehr auf unsere Worte achten, unsere Worte gut überlegen.

Ganz wichtig wird dies, wenn wir Kritik üben möchten. Also bevor wir den Mund dazu aufmachen, sollten wir auch erst einmal überlegen, ob wir bei unserem Gegenüber etwas zu bemängeln haben.
 Kritik zu üben heißt doch oft auch, wir tun uns schwer die Meinung, das Verhalten unseres Gegenübers zu akzeptieren, zu tolerieren.

Erinnern wir uns, wie empfindlich wir reagieren, wenn unsere Meinung unterdrückt, angezweifelt, oder sogar kritisiert wird.

Jeder von uns hat immer das Recht auf die eigene Meinung, hinter der wir auch stehen sollten und sie gut verteidigen. Allerdings sollten wir uns hüten, anderen unsere Meinung über stülpen zu wollen.

Der andere hat genau das gleiche Recht auf seine eigene Meinung wie wir.

Wir sollten diese Meinung ebenso achten und akzeptieren, wie wir das für uns in Anspruch nehmen, auch wenn sie nicht im Gleichklang mit unserer ist. Wir alle fühlen uns natürlich wohl, wenn die gegenseitigen Meinungen sich bestätigt und wir die gleiche Basis unserer Meinungen im Gesprächsaustausch entdecken.

Auch wenn wir einige Gleichheiten feststellen, kann es vorkommen, dass unsere Meinungen nicht komplett deckungsgleich sind. So könnte Konfliktstoff entstehen. Hier heißt es dann behutsam vorzugehen, Verständnis aufzubringen. Wir könnten auch Situationen erleben, in denen jeder seine eigene

Meinung behält, sie vertreten, oder sogar verteidigen wird.

Die eigene Meinung auf beiden Seiten zu behalten, heißt doch nicht gleich, unser Gegenüber wird zum Gegner. Wir sollten dann die Interessen der einzelnen Parteien akzeptieren und respektieren.

Außerdem, welche Menschen erhalten von uns grundsätzlich eher Beachtung? Die Menschen mit einer eignen, wenn auch anderen Meinung, oder die Menschen, die gar keine Meinung haben? Bei Diskussionen und Gesprächen, in denen jemand Entscheidungshilfen oder Rat bei uns sucht, sollten wir ernsthaft darauf achten, nie allgemein zu sprechen, sondern aus der >ICH< Position heraus argumentieren.

>ICH< habe das so, oder so gemacht. >ICH< würde es so machen. >ICH< habe die, oder die Erfahrung gemacht. So werden wir glaubwürdiger und vermitteln auch eine gewisse Sicherheit, die der andere gerade für seine Entscheidung braucht. Wir vermeiden so, wenn es schiefläuft, dass uns hinterher gesagt wird:

>Du hast gesagt, ich soll es so machen<

Wenn mich etwas bewegt und ich schon ahne, es könnte zu keinem richtigen Verständnis kommen, schreibe ich einfach einen Brief. So kann ich mitteilen, was mich bewegt ohne unterbrochen, oder falsch verstanden zu werden. Mein Gegenüber hat nun die Zeit, es in Ruhe zu lesen, ebenfalls ohne

Unterbrechung. Das führt meistens zu ruhigen Überlegungen und zu sachlichen Reaktionen.

Grundsätzlich stehe ich in jeder Hinsicht zu meinem Wort, oder zu dem, was ich sage und übernehme auch Verantwortung dafür. Jedoch kann ich keine Verantwortung dafür übernehmen, wie ich verstanden wäre. Das gilt auch für die Worte in diesem Buch.

Wir alle haben sicher schon Meinungsverschiedenheiten geführt, die dann eskaliert sind und jeder dem anderen ins Wort fiel. Das konnten wir vermeiden, wenn wir schriftlich dazu Stellung nehmen.

Am Ende dieses Elementes bleibt eins: Wir können stets bei unserer eigenen Meinung bleiben. Wir könnten auch die Meinung des anderen übernehmen, wenn sie uns überzeugt.

Doch wie bei allem:

>Wir können frei entscheiden, wir haben die Wahl<

Frei entscheiden, frei wählen, auch frei sein.

Doch was bedeutet frei sein? Es bedeutet:

7. FREIHEIT

Was ist aber Freiheit? Freiheit, die wir uns herausnehmen, Dinge zu tun, wie wir sie möchten. Freiheit ist auch die Möglichkeit, ohne Zwang auszuwählen und sich zu entscheiden.

>Die Freiheit des Menschen liegt nicht darin, dass er tun kann was er will, sondern, dass er nicht tun muss, was er nicht will<[7]

Freiheit ist auch die Möglichkeit der Selbstverwirklichung.
Unsere Freiheit ist aber nur dann eine Freiheit, wenn sie auch >Verantwortung< beinhaltet.
Das bedeutet, uns bewusst zu werden, dass jede Handlung, die wir frei wählen auch Konsequenzen hat. Für diese Konsequenzen stehen wir in der Verantwortung.

Freiheit hat aber keinen Wert, wenn sie zur Beschränkung Anderen führt. Wir sind in der Verantwortung unsere persönliche Freiheit nur dann auszuleben, wenn wir die Ansprüche und Interessen der anderen nicht außer Acht lassen. Denn

>Unsere persönliche Freiheit hört da auf, wo wir den Freiraum des anderer verletzen<

Freiheit kann nur bestehen im Wechselspiel der eigenen und fremden Freiheit! Jedoch kann unsere Handlungsfreiheit durch Zwang einschränkt, ja sogar aufgehoben werden.

Denken wir nur an all die Diktaturen dieser Welt.

Wir sollten uns jedoch nie auf unserer Freiheit ausruhen, sondern wir müssen sie stets mit Mut und Verantwortung bejahen und neu ausfüllen.

---

[7] Jean-Jacques Rousseau, s. Quellennachweis

Die einzige Begrenzung unserer Freiheit erfolgt nur durch die Rechtsvorschriften, die wir natürlich einzuhalten haben.

Die Freiheit, die wir haben, ist das größte Geschenk und wir sollten stets bemüht sein, sie uns zu bewahren.

>Freiheit ist nicht das Fehlen von Verpflichtung, sondern sich zu entscheiden, sich zu verpflichten für das, was das Beste ist<[8]

Wir sehen also auch hier wieder, es geht in Allem, was unser Leben ausmacht nur darum, wie jeder einzelne von uns sich entscheidet und handelt.

Fassen wir nun ein wenig zusammen:

Ein zufriedenes und auch glückliches Leben zu führen, ist im Grunde genommen gar nicht schwer und auch nicht kompliziert. Das einzige, das zu tun ist:

>Entscheidungen treffen, Konsequenzen tragen, egal wie diese ausfallen. Verantwortung übernehmen, um dann neue Entscheidungen treffen<

Nur wenn wir aktiv werden und handeln, passiert tatsächlich etwas in unserem Leben.

Wenn wir unsere Zukunft bestimmen wollen, um unser individuelles Leben zu erfahren, sollten wir jetzt in der Gegenwart damit beginnen!

---

[8] Paulo Coelho, s. Quellennachweis

Denn: Niemand wird kommen, um uns glücklich zu machen, um unsere Probleme zu lösen, oder zu entscheiden, wie wir unser Leben einrichten.

Auch wird Niemand uns helfen aus der Abhängigkeit in die Unabhängigkeit zu gelangen, von der Fremdbestimmung in die Selbstbestimmung und Selbstverantwortung zu gehen.

Niemand wird uns unsere persönliche Freiheit einrichten, um in Verantwortung unsere Grenzen zu ziehen, sei es in unserem Umfeld oder in der Gesellschaft.

Was immer jetzt unser Leben ausmacht, sei es im Alltag, im Job, mit den Partner, den Freunden, ob wir allein leben, in der Stadt, in einer Wohnung; eben alles was wir heute tun und haben, wurde von uns selber gewählt, wir und kein anderer haben es uns genauso eingerichtet, haben irgendwann dafür die Entscheidung getroffen.
Wir könnten uns auch alles wieder neu aussuchen, könnten nochmal ganz neu durchstarten. Wir könnten aber auch alles so lassen, und dennoch das Beste für uns daraus machen, und sehen was dann passiert.

Auf jeden Fall bleibt die unumstrittene Wahrheit: Wir allein sind verantwortlich, was in unserem Leben geschieht. Nur wir allein können uns von Ängsten und Sorgen befreien, die uns in unserem Leben ausbremsen.

Hier eine Vorgehensweise:

>Wenn du etwas 2 Jahre lang gemacht hast, betrachte es sorgfältig

Wenn du etwas 5 Jahre lang gemacht hast, betrachte es misstrauisch

Wenn du etwas 10 Jahre lang gemacht hast, mache es anders<[9]

Das bedeutet, wir sollten nie etwas schleifen lassen, denn wenn wir unsere Stärken schwach werden lassen, werden unsere Schwächen stärker und wir bewegen uns unter Umständen wieder im alten Trott.

Also bewegen wir uns einfach in eine neue Richtung und richten unser Leben so ein, damit wir tun können, was uns am Herzen liegt.

Was immer wir für uns gewinnen, wie auch immer wir das eine, oder das andere umsetzen, freuen wir uns auf das Gefühl, Kontrolle über unser eignes Leben zu haben.

Spüren wir was Unabhängigkeit bedeutet. Lassen wir uns durch nichts aufhalten. Wir sollte jedoch dabei nicht vergessen nichts bleibt, denn:

Ein erfülltes Leben zu haben, bedeutet auch lebenslanges Lernen

Zum Schluss möchte ich noch ein paar wichtige Statements machen.

---

[9] Mahatma Ghandi, s. Quellennachweis

Ich würde mir wünschen, wenn Sie jedes State-
ment, mit einem klaren >JA oder NEIN< beantwor-
ten könnten:

Sind Sie das Beste, das Sie in Ihrem Leben haben?

*Können Ihnen andere Besseres geben, als Sie sich
selbst?*

*Ist es noch wichtig wie Sie von außen gesehen wer-
den?*

Ab heute bestimmen SIE den Ablauf Ihres Lebens!

Es ist >MEIN LEBEN< Ich spiele hier die Hauptrolle!

Sollten Sie jedoch mal wieder in die alten Fußstap-
fen treten und es läuft nicht so, wie Sie es dachten
oder planten, dann denken Sie einfach nur daran:

>Das Leben hat zwei Seiten, betrachten wir

die Andere<

*Ich habe einige, manchmal sehr persönliches und
weniger schöne Beispiele, aus meinem Leben mit
Ihnen geteilt. Ich konnte das nur tun, weil ich lernte
aufzuarbeiten, loszulassen, abzuschließen, meine
Einstellung zu verändern.*

*Vor allem habe ich gelernt, in meinen Entscheidun-
gen nicht zu überlegen, oder daran zu denken, was
mein Umfeld darüber denkt, oder dazu sagt.*

Glauben Sie mir, oft war das für mich auch nicht einfach. Auch mich haben so manches Mal die alten Strukturen und Gewohnheiten wieder eingeholt.

Doch ich hatte genug Mut, die Vergangenheit loszulasse und zu all meinen Ecken und Kanten zu stehen. Eine Portion Ironie, wird mir immer dabei helfen, >ICH< zu bleiben. Ich verfüge über genug Selbstbewusstsein, um immer meinen eigenen Weg zu gehen. Ich genieße das Privileg, meiner eigenen Meinung. Achtung, Respekt, Ehrlichkeit haben für mich einem hohen Stellenwert, und für die Menschen, die ich liebe, tue ich alles, was in meiner Macht steht.

Nun wünsch ich Ihnen für all Ihre Entscheidungen die nötige Portion Mut und Kraft, recht viel Optimismus, sowie Erfolg auf Ihren neuen Wegen.

Diese Zitat passt zu meinen Wünschen für Sie:

>Jeder Mensch ist der Architekt seiner eigenen

Zukunft<[10]

Zum Schluss habe ich eine kleine Aufgabe für Sie, verbunden mit einer Bitte. Wenn Sie mögen, schreiben bitte jede Woche eine Art Newsletter an sich selbst.

Wenn es Ihre Zeit erlaubt machen Sie das jeden Sonntag für 4 Wochen. Er muss nicht lang sein, auch nicht 100 % korrekt.

---

[10] Sallust, s. Quellennachweis

Es soll nur dazu dienen, Ihnen vor Augen zu führen, welche positiven Erfahrungen Sie durch bewusste Entscheidungen gemacht haben.

Wie Sie kleine, oder auch große Veränderungen vorgenommen haben und wie manche Situationen für Sie dadurch leichter geworden sind.

Ich würde mich sehr freuen, wenn Sie einige diese Ergebnisse mit mir teilen, mir ein Feed Back geben würden.

Informationen für persönlichen Kontakt bzw. unterstützendes Coaching finden Sie unter:

www.erfahrungsseminar.com

Hier nun mein letztes Zitat:

>Alle Lebewesen, außer den Menschen wissen, dass der Hauptzweck des Lebens darin besteht, das Leben zu genießen<[11]

---

[11] Samuel Butler, s. Quellennachweis

Mein beruflicher Werdegang

Ich habe eine kaufmännische Ausbildung zum Handelsvertreter für im- und Export abgebrochen, weil ich damit nicht so richtig zufrieden war und habe in die Gastronomie gewechselt. Über die Jahre habe mich zur Fachfrau für Gastronomie qualifiziert. Bis auf wenige Zeiten als Arbeitnehmerin, habe ich mich schon sehr früh für die Selbständigkeit in meiner Berufstätigkeit entschieden. Das heißt, eigens geführte Gaststätten und zwei Einzelhandelsgeschäfte.

Als Quereinsteigerin in den Einzelhandel begab ich mich wieder einmal in ein neues Berufsfeld. Ich lernte neu, was ich wissen musste über Büro, Schul- und sonstigen Schreibwarenbedarf. Die Bereichen Zeitschriften, Tabakwaren, Lotto, Toto, sowie Geschenkartikel erforderten auch neues Wissen. Doch am Ende habe ich mich auch als Einzelhandelskauffrau bewährt. Obwohl ich auf genügend Personal zurückgreifen konnte, blieb immer mehr Arbeit für mich und immer weniger Zeit für meine jüngere Tochter. Nach sechs Jahren verkaufte ich die Geschäfte.

Mein nächstes Angebot war als Teamleiterin im Direktvertrieb für sehr hochwertigen Modeschmuck Nun konnte ich meine Arbeitszeiten besser koordinieren, um mich wieder ausreichend um meine Tochter zu kümmern, und gleichzeitig doch erfolgreich zu sein. Übergangsweise nahm ich das Angebot des Gymnasiums meiner Tochter an und leitete den Schulkiosk vormittags.

Die neuen Technik Internet begeistert mich so sehr, das. ich eines, der ersten Internetcafés für Bonn und Umgebung, mit Kleinkunstbühne und Bistro er- öffnete. Dazu will ich kurz anführen, auf mich trifft eins zu: >Frauen und Technik, zwei Welten begeg- nen sich<

Doch die besten, fachkundigsten Informatik Schüler des Gymnasiums, auf dem meine Tochter war, un- terstützten mich bei der Einrichtung.

Bei der Standortanalyse für das Internet Café machte ich allerdings einen gravierenden Fehler, der mir 1½ Jahre später den absoluten geschäftli- chen Ruin brachte.

Doch bald ergab sich wieder eine neue Möglichkeit für mich. Ich erhielt die Chance für eine Schulung als Interviewerin und arbeitet jahrelang auf Hono- rarbasis in der Kommunikation für Markt- und Medi- enforschung. Hauptsächlich Studien im B2B Bereich und auch für Studien in Englisch. Damit war auch mein Neustart in Berlin gesichert, denn hier gab es etliche Marktforschungsinstitute.

Obwohl ich in Bonn gut etabliert war, habe ich mu- tig alle Zelte hinter mir abgebrochen und bin nach Berlin gezogen, um hier noch einmal neu durchzu- starten. Diesen Entschluss habe ich nie bereut, ich liebe Berlin. Damit habe ich auch die Meinung:

>Alte Bäume verpflanzt man nicht< widerlegt.

Durch den Beruf meines verstorbenen Mannes, er war Angehöriger des Auswärtigen Amt, hatte ich die Möglichkeit einige Jahre im Ausland zu leben, unter anderem in den USA und Lateinamerika. So habe ich schon etliche schöne Orte in der Welt gesehen und nutze immer noch jede Gelegenheit mir andere schöne Teile dieser Welt anzusehen. Meiner jüngeren Tochter haben wir wohl die Reiselust in die Wege gelegt. Mit ihr habe ich auch schon einige Reisen unternommen. Inzwischen lebt sie in Australien und ich durfte sie schon drei Mal dort besuchen.

Neben meiner freiberuflichen Tätigkeit stellte ich mein Erfahrungsseminar auf die Beine.

Doch meine Gesundheit machte mir mit zwei Erkrankungen einen >Strich durch die Rechnung< Ich konnte keine Wochenseminare mehr halten und entschied mich aus dem gesamten Seminar Vortrag dieses Buch zu schreiben.

Über mich

Ich bin Ingrid Jansen, eine jung gebliebener „Silber Surferin", wie es heute genannt wird, reichlich an Jahren, doch im Kopf und im Herzen jung geblieben. Für mich gilt:

>Alter spielt sich im Kopf ab, nicht auf der Geburtsurkunde[12]<

Ich bin immer offen für das Neue, liebe mein Leben und die Herausforderung. Gerne und oft schwimme ich gegen den Strom, bin schnell zu begeistern, ohne mich zu verlieren.

Stets bin ich bedacht, die andere Seite des Lebens zu betrachten. Was für mich heute noch stimmt, kann morgen schon anders sein. Weil meine eigene Kindheit und Jugend nicht so optimal verlief besaß

ich wohl das, was heute als >kämpferische Natur< bezeichnet wird.

Auf meinem Lebensweg fiel ich auch einige Male auf die Nase, doch da ich mir ein starkes Selbstbewusstsein erarbeitet hatte, wusste ich das Beste daraus zu machen.

Wenn es nötig war, auch wieder ganz von vorne anzufangen. Das hat mich bis heute erfolgreich, fröhlich, lebenslustig, zufrieden, ja auch glücklich gemacht, auch wenn nicht immer nur die Sonne schien. In der Schule des Lebens bin ich einen wei-

---

[12] Martina Navratilova, s. Quellennachweis

ten Weg gegangen, habe vieles erlebt und durchlebt, vieles gelernt, und so meine eigene Lebensqualität mit viel Interesse erweitert.

Ich bediene fast alle Voraussetzungen, die in meiner Lebensgestaltung ziemliche Bremsklötze hätten sein können. Meine Familienverhältnisse waren zerrüttet. Teilweise bin ich im Heim groß geworden. Vater war nicht bekannt. Mutter hat wohl etwas leichtsinnig gelebt. Sie hat sich auch nicht viel gekümmert. Hauptsächlich kümmerten sich Großtante und Großmutter, bis ich ins Heim kam. Bei Großtante und im Heim war ich schwerer körperlicher und seelischer Gewalt ausgesetzt. Als Kind wurde ich Opfer sexueller Übergriffe des Sohnes unseres Vermieters. Wie mit vielen dieser Dinge, wurde damals vieles, vieles totgeschwiegen. Als ich dann mit 18 Jahren das Heim verlassen durfte, war ich ein unsicheres, mit Komplexen beladenes junges Mädchen.

Aber eins wusste ich sehr früh, ich wollte für mich ein anderes, ein besseres Leben, als das, was ich von meinen Familienangehörigen kannte. Ich wollte das Besondere, ich wollte nach oben. Wie? Davon hatte ich keine Ahnung.

Ich musste den Auflagen des Jugendamtes nachkommen, um nicht wieder ins Heim zu kommen. Mich begleiteten die Ansichten, die von der Gesellschaft vorgegeben wurden und die sich so anhörten:

>Das kann man so nicht machen. Was sollen die Leute denken. Du hat Rücksicht auf unser Ansehen zu nehmen, du musst dankbar sein<

So wechselten sich die Zeiten, zwischen angepasstem Leben und meinen eigenen Weg zu gehen, oft ab. Doch immer blieb das Bewusstsein, anders und besser zu leben. Ich lernte, lernte, und lernte von meinem Umfeld und aus Büchern. Es war keiner da, der mir Anleitungen geben konnte.

Ich habe mehr als einmal >JA< zur Ehe gesagt. In den ersten beiden Ehen setzte sich die körperliche Gewalt fort. Meine große Tochter stammte aus der 1. Ehe.

In meiner 3. Ehe hatte endlich das, was ich mir immer erträumte. Eine harmonische und partnerschaftliche Beziehung. Auch wenn es die dritte Ehe war, dieser Mann war und ist immer noch mein einziger richtiger Ehemann.

Es wird ja gesagt, es gibt nur einmal im Leben die große Liebe. Ich habe sie gehabt. Aus dieser Ehe stammt meine jüngere Tochter.

Leider ist mein Mann nach langer Krankheit schon mit 48 Jahren verstorben. Wir waren zu der Zeit fast elf Jahre verheiratet.

Fast elf Jahre ohne Zank und Streit, einfach nur Wohlbefinden.

Umso tiefer traf mich der Verlust und die Traurigkeit, bis eine Freundin mir sagte, sei nicht traurig, freu dich, dass du diese fantastischen elf Jahre hattest. Nicht jeder hat dieses Glück.

Damit konnte ich wirklich meinen Schmerz mildern. Doch zu dem gleichen Zeitpunkt erkrankte meine jüngere Tochter lebensbedrohlich.

Der erste Verdacht auf Leukämie bestätigte sich zum Glück nicht. Sie hatte eine akute, veränderte Blut Kondition und musste 3 Monate in der Kinderklinik bleiben, bis sie wieder einigermaßen stabil war.

Die Zeit der Hoffnung, der Sorge um meine Drei und letztlich der Trauer habe ich nur überstanden, weil ich nun stark sein wollte für meine Kleine, die gerade mal neun Jahre alt war, als ihr Vater starb.

Zwei Jahre später habe ich dann noch einmal >JA< zu meiner 4. Ehe gesagt. Wieder habe ich etliche Menschen überrascht, denn dieser Ehemann war 20 Jahre jünger. Wir waren Freunde. Dann funkte es zwischen uns und zwei Jahre später heirateten wir.

Diese Ehe ging nicht in die Brüche, weil er jünger war, sondern inzwischen hatten wir drei Einzelhandelsgeschäfte und hatten damit sehr viel zu tun. Nach gemeinsamen 6 Jahren stellten wir fest, unser privates Leben ist auf der Strecke geblieben.

Von meinen beiden Töchtern, lebt leider nur noch meine Jüngere. Meine Große hat nur mal so zum Ausprobieren mit Drogen angefangen. Erst mit ein paar softere Drogen und dann kam die Nadel. Zu dem Zeitpunkt hatte sie schon ihre vier Kinder.

Für uns alle bedeutete das 25 Jahre lang Drogen Katastrophe mit allem was dazu gehört.

Erfahrungen, auf die wir wohl alle gut und gerne verzichtet hätten. Bis zu ihrem Tod ist sie leider nie von diesem Zeug losgekommen.

Meine vier Enkelsöhne und drei Urenkel, zwei Jungen und ein Mädchen bereichern heute mein Leben.

Eine absolute geschäftliche Pleite blieb mir auch nicht erspart. Ich machte leider bei der Standortanalyse für das Internet Café einen gravierenden Fehler, der mir 1½ Jahre später den geschäftlichen Ruin brachte.

Altersversorgung weg, einen Berg Schulden, Insolvenz, Existenzängste.

Ich führe das nur auf, damit Sie sehen, ich weiß wirklich, über was ich in diesem Buch schreibe.

Ich kenne fast alle diese misslichen Lebenssituationen und Dramen aus eigener Erfahrung.

Vor allem auch die seelischen Gefühlslagen, wie Trauer, Demütigung, Angst, die lähmt, vermindertes Selbstbewusstsein und kaum Selbstwertgefühl.

Jetzt wo ich dies runter schreibe, wundere ich mich wieder, wie ich dies alles ohne einen Knacks überstanden habe. Oder???? Vielleicht habe ich einen und merke das gar nicht? Spaß bei Seite. Ich habe all das verarbeitet, überstanden und hinter mir gelassen.

Oft hörte ich den Einwand:

>Nicht jeder ist so stark, wie du<

Ich war nicht stark, als ich mit 18 Jahren aus dem Heim kam. Ich war eher ein Häufchen Unglück, verschüchtert voller Komplexe.

Doch ich hatte ja einen Entschluss gefasst. Ich wollte anders leben, als ich es von meiner Familie kannte und im Heim führte. Ich wollte kein Opfer dieser Kindheit und Jugend sein. Ich wollte etwas Besseres, ich wollte nach oben.

WIE? Das wusste ich damals nicht.

Alles was ich heute bin, habe ich erlernt und mir erarbeitet, auch das Starksein.

Wenn auf meinem Lebensweg wieder einmal Stolpersteine lagen, machte ich aus der jeweiligen Situation, das Beste. Wenn es nötig war, fing ich auch wieder von vorne an.

Das hat mich bis heute froh, lebenslustig, erfolgreich, zufrieden, ja auch glücklich gemacht. Auch wenn nicht immer nur die Sonne schien.

In der Schule des Lebens bin ich einen weiten Weg gegangen.

Ich habe einiges durchgemacht, aber auch wild gelebt und mich unbekümmert amüsiert. Vieles gelernt, mein Wissen erweitert und so meine eigene Lebensqualität gefunden.

Auch heute bin ich noch in einem ständigen Lern-
prozess. Mein Leben war und ist immer noch ziemlich abwechslungsreich, manchmal gab und gibt es
auch Niederlagen und Widerstände, doch meistens
verläuft es sehr zufriedenstellend.

Ich empfinde es als ein sehr bewegtes, aber trotzdem nicht sonderlich außergewöhnliches Leben.

Doch meine Freunde und Bekannte in Bonn schie-
nen es damals anders zu sehen, nachdem ich einigen von ihnen mit meinen Sichtweisen und eigenen
Erfahrungen in meinen Gruppen geholfen hatte.

Sie und auch meine jüngere Tochter hatten mich
schon langer ermutigten, all jenen, die es interessiert, meine Erfahrungen für ein zufriedenes, erfolg-
reiches Leben zugänglich zu machen.

Weil es mir schon immer Spaß machte, mit und für
Menschen zu arbeiten, entstand die Idee zu mei-
nem Erfahrungsseminar, das ich nun zu diesem
Buch zusammengefasst habe.

Heute kann ich sagen, ich habe geschafft, was ich
mir vorgenommen habe.

Ich hatte genug Mut, die Vergangenheit loszulasse
und zu all meinen Ecken und Kanten zu stehen.

Eine Portion Ironie, wird mir immer dabei helfen,
>ICH< zu bleiben. Ich verfüge heute über genug
Selbstbewusstsein, um immer meinen eigenen Weg
zu gehen.

Das hat mich zur Autodidaktin gemacht, die stets
authentisch und autark ist. Natürlich habe ich auch

heute noch meine Wünsche und Träume und arbeite fleißig daran sie umzusetzen.

Dieses Zitat ist von Emilie Zola beschreibt ein wenig auch meine Lebenseinstellung. Er sagte:

> Wenn Sie mich als Künstler fragen, was ich in dieser Welt zu tun habe, werde ich antworten: Ich bin hier, um laut zu leben[13] <

Genau das tue ich auch, laut leben. Wer mich kennt, kann das bestätigen.

2008 wurde ich in der Personen Enzyklopädie des >Who is Who< Verlages Hübner aufgenommen. Das hat mich damals schon ein wenig stolz gemacht.

Ich würde mich sehr freuen, wenn Sie genug Anregungen finden, die Ihnen helfen Ihr Leben ganz speziellem zu machen.

Im Internet finden Sie mich auch unter:

https://www.Erfahrungsseminar.com

https://www.facebook.com/

https://www.xing.com

https://www.linkedin.com

---

[13] Emilie Zola, s. Quellennachweis

Quellennachweis

Henry Ford

https://www.mein-wahres-ich.de/sprueche/motivationssprue-che/909

Norman Mailer

https://zitate.woxikon.de/erfolg/176-norman-mailer

Martin Luther

https://www.jumboverlag.de/Martin-Luther.-Glaube-versetzt-Berge

Konrad Adenauer

https://www.zitate-online.de/sprueche/politiker/15426/

Charly Chaplin

https://mentalpower.ch/chaplin-rede-selbstliebe-70-geburtstag/

Albert Einstein

https://www.gutzitiert.de/zitat_autor_albert_ein-stein_thema_vorurteil_zitat_3174

Jean Jacques Rousseau

www.aphorismen.de/zitat/15170

Paulo Coelho

https://gedankenwelt.de/was-bedeutet-freiheit/

Mahatma Ghandi

https://www.zitate-online.de/literaturzitate/allge-mein/19490/wenn-du-etwas-2-jahre-lang-gemacht-hast

Sallust

https://www.mein-wahres-ich.de/sprueche/motivationssprue-che/920

Samuel Butler

www.aphorismen.de/zitat/154544

Martina Navratilova

www.gutzitiert.de/zitat_autor_martina_navratilova_the.

Emilie Zola

https://1000-zitate.de/autor/Emile+Zola/

Diese Leerseiten sind für Ihre Notizen:

Hier noch einmal meine Bitte, um ein Feedback.
Danke!